本书受到国家自然科学基金青年项目"中国语言政策的□
制及其增长效应评估：基于自然语言的二重属性□
（71804146）、教育部人文社会科学研究一般项目"□
结构影响经济增长的机制研究——基于技术进步偏□
(19XJC790009)、中国博士后基金"大国情景下中国语□
贸易效应研究"（2019M653709）、陕西省教育厅人文社会科
学专项项目"中国语言经济战略的机制设计与政策评估"
(19JK0558)的支持。

经济增长效应评估的理论及方法
——以语言政策为例

刚翠翠◎著

Theory and Method of Evaluation on Economic Growth
—Evidence from Language Policy

经济管理出版社
ECONOMY & MANAGEMENT PUBLISHING HOUSE

图书在版编目（CIP）数据

经济增长效应评估的理论及方法：以语言政策为例/刚翠翠著 . —北京：经济管理出版社，2022.3

ISBN 978-7-5096-8344-6

Ⅰ.①经…　Ⅱ.①刚…　Ⅲ.①中国经济—经济增长—研究　Ⅳ.①F124.1

中国版本图书馆 CIP 数据核字（2022）第 041643 号

组稿编辑：王格格
责任编辑：杨国强　白　毅
责任印制：黄章平
责任校对：王淑卿

出版发行：经济管理出版社
　　　　　（北京市海淀区北蜂窝 8 号中雅大厦 A 座 11 层　100038）
网　　　址：www.E-mp.com.cn
电　　　话：（010）51915602
印　　　刷：唐山昊达印刷有限公司
经　　　销：新华书店
开　　　本：720mm×1000mm/16
印　　　张：12.25
字　　　数：200 千字
版　　　次：2022 年 4 月第 1 版　　2022 年 4 月第 1 次印刷
书　　　号：ISBN 978-7-5096-8344-6
定　　　价：88.00 元

前 言

面对经济全球化下国际贸易交流日渐频繁、科技与信息交流都需要语言支撑的情况，如何通过制定有效的语言政策，使国家既能保证传统语言的特性而避免经济全球化过程中出现语言趋同的现象，又能避免经济发展处于滞后状态，是制度经济学研究的一个重要问题。基于此，本书在全面回顾了语言影响经济增长相关文献的基础上，综合制度经济学的交易费用理论和比较制度分析、宏观经济学的内生经济增长模型、语言学中的语符学与结构理论，借助计量经济学双重差分法、工具变量法、随机前沿分析等多种方法就语言政策对经济增长的机制和影响效应进行了深入研究。通过对语言政策概念变化趋势的分析，以语言政策的实践特征来解释由于语言的相对难度与绝对难度、工具属性与文化属性引发经济增长的国家差异。从偏好、交易成本、技术进步三个基本概念出发，本书构建了语言影响经济增长的理论框架并提出语言特质影响经济增长的三个基本假设，利用世界范围内的面板数据对这些基本理论进行实证检验。本书的视野最终回归至中国，观察中国近现代的语言政策变迁与经济发展的历史联系与现实意义，并对改革开放 40 年后中国外语教学的改变是否能够通过语言特质影响经济增长的三个渠道进行检验，为中国进行语言战略规划提供现实依据和理论依据。

研究表明：第一，语言统一于文化属性和工具属性，语言政策的实践结果表现在语言的绝对难度和相对难度上。不同的语言传达着不同的文化信息，不同的语言在交流碰撞时也必然会受到语言及其蕴含的思维方式的制约，因而语言特质能够通过改变决策者的偏好与成本，从而对经济运行结果产生一定的影响。第二，在语言文化属性的约束下，语言政策是影响交易契约形成的重要因素，它通过贸易与投资的溢出效应影响一国的经济增长水平。第三，在语言工具属性的约束下，语言政策的实践结果是未观测到的交易成本，它通过贸易成本影响一国的经济增长水平，并通过物品的规模效应反作用于交易语言的选择。第四，语言反映了人与人之间的思维交流，它通过人力资本的吸收能力影响国家间的技术进步，并最终影响一国经济的增长水平。第五，伴随着改革开放的不断深入，语言的工具属性与文化属性相互交织影响着中国经济增长的轨迹，中国正进行大规模的语言政策改革从而为经济发展创造良好的交易环境。第六，从世界经济发展趋势来看，语言发展具有单一化和简单化的趋势，因此，国家需要在掌握国际贸易双边语言的基础上，通过制定有效的国家语言政策短期发展和创新规划，降低语言文化交流过程中本国语言的相对难度，从而释放语言红利，促进经济增长与民族特色文化的和谐发展，构建中国文化"硬实力"。

与现有文献相比，本书的主要贡献有：第一，从理论上研究了语言作为制度符号（文化标识）对经济增长产生的影响并阐述了其逻辑机理，构建了语言政策影响经济增长的理论框架。第二，对于本书的重点研究对象——语言，我们研究了其本质特征，提出了语言的工具属性与文化属性、相对难度与绝对难度两对语言政策实践结果的基本概念，并使用语言学的基本定理对其进行理论描述和实证度量，利用世界上179个国家和地区的面板数据检验了语言对于经济增长产生影响的三个理论假说。初步探讨了贸易偏好、交易成本和技术进步形成的语言难度渊源。第三，本书利用我国改革开放40年来语言政策的变化数据，采用准自然实验的方法检验了语言习得对于改革开放经济增长的"中国奇迹"的作用，从经济增长视角强调习得世界通用语言的重要作用，并为我国英语测试考试改革的有效性提供了一个新的标准。第四，本书不仅证明了语言绝对难度差异能够影响经济增长，也强调了语言相对难度的不同对于经济发展的重要作用。从现实意义上讲，面对英语逐渐成为世界舞台上的主要语言的情况，本书不仅用理论和实证解释了其形成机理，更重要的是本书从理论假设出发推导出保持语言与经济和谐发展之路不仅可以使用通用语学习和改变语言的绝对难度，而且还可以通过长期文化宣传改变语言的相对难度，在保持英语学习的基础上通过长期安排汉语"走出去"战略改变语言的相对难度和绝对难度，能够发挥语言红利带来的经济增长作用。

目　录

第1章 绪论

1.1 选题背景和意义

1.1.1 选题背景

随着全球经济一体化的进程逐渐加快，全球不同文化也在慢慢融合，世界语言单一化、简单化的趋势是最突出的表现。虽然小语种消失是自然规律，但在最近一百年内语种消失的速度明显要快于先前任何时代，而工业革命的开始更是将英语推向了世界语言的巅峰，整个世界出现了语种不断减少并逐渐统一至英语的现象。放眼亚洲国家，几乎所有母语非英语的学生都在努力学习英语。虽然汉语和西班牙语拥有广泛的人口基数，但却仅仅局限于本国和周围国家，而汉语作为官方语甚至仅仅存在于中国境内，这种使用人数最多但却不是使用最广泛的国际语言使我们开始重新审视语言对于经济增长的作用。相较于英语而言，汉语的复杂程度显而易见。那么，是什么促使世界语言呈现这种趋势，又是什么原因使英语长久地保持了国际语言的地位，是值得思考的问题。从经济发展的视角来看，在国际贸易交流日渐频繁、科技与信息交流都需要语言支撑的情况下，如何通过制定有效的语言政策，使国家既能保证传统语言的特性免受经济全球化过程中文化趋同的影响，又能避免经济发展处于滞后状态，这成为制度经济学研究的一个重要问题。在全球化不断加快的今天，当资本、劳动力和科技的传播不再如地理国界般划分明显，语言作为文化标识和一种身份认同成为世界联系的关键一环。而这也势必会在国家间的政治、经济实力中形成对比。因此，由经济全球化衍生出来的民族语言使用与推广及语言规划的相关问题，需要借助经济学、哲学和语言学领域相关理论基础进行分析和探讨。

制度经济学认为，制度作用于经济生活的方方面面，而制度里必定有语言的维度，制度必须经由某人的言说宣布或书写话语界定下来。因此，"人的言语在一定情景中可以创生制度实在或制度规则，这似乎是一件不言自明的事实了"（韦森，2005）。如若制度能够对经济施加影响，那么语言作为文化最直接的符号，也必定能够在经济主体上施加影响，从而在整个社会经济活动中发挥重要的作用。从世界经济的发展历程来看，语言政策与经济增长有着千丝万缕的联系，在经济较发达的地区，其使用的官方语言往往更大众化、统一化与简单化，因此与周边国家的沟通较为容易；反之，那些落后地区的语言沟通则经常出现障碍。从亚洲近代的飞速发展可以看到，正是亚洲"四小龙"秉承"以文化吸收技术"的理念，通过强化外语学习过程降低与周边国家的语言沟通难度从而带来了亚洲的繁荣与兴旺。而中国，这个最大的"世界工厂"也不断地通过外语政策改革缩小与发达国家的语言差距，促进全民语言能力与人力资本水平的提高，以此带动新知识、新技术的学习速度，进而促进经济的长期增长。在经济发展进入"新常态"后，发展动力从主要依靠资源和低成本劳动力等要素，转向创新驱动的情况下如何通过有效的语言政策提升技术创新速度从而突破当前经济发展瓶颈以及以文化发展为起点带来新的经济增长点是一个值得我们关注的问题。

语言政策是人们有意识地在一组给定的人群中进行语言选择。语言经济学认为，语言是构成经济交易与民族文化的符号系统，从而解释了隐藏在语言的形式、结构、运用等演变过程背后的经济内涵（韦森，2005，2014）。在经济全球化不断深化的时代，语言政策的变化正以积极或消极的方式影响一国经济发展与公共安全，从而影响了国与国的交易成本与文化变迁。语言政策的利弊是什么？如何评估现有语言政策的成本与收益？哪些语言政策能够最大限度地维护国家利益与经济安全？这是语言政策规划必须直面的问题。而且党的十九大也强调，文化建设是灵魂，文化"软实力"建设也是当前衡量一个国家综合国力的重要标准之一。纵观近现代历史，我国语言政策经历了从文言文到现代简体字、从"外语浪潮"重归"国学运动"的巨大转变，而与此同时中国经济发展也发生了从高速增长转向高质量发展、从融入全球化到主导全球化的重大转变。在这种情形下，语言不再是传统意义上信息和文化的载体，而被看作是"无形的战略武器、巨大的资源宝库、新兴的科技引擎和治国的重要工具"（赵世举，2015）。研究语言政策的演变影响经济发展的逻辑机理不仅有利于解决中国当前经济与文化发展过程中存在的矛盾与不平衡问题，也是广大发展中国家实现经济发展、语言振兴的重要依据。同样，文化是一个国家和民族灵魂的集中体现，语言则是国家文化的象征。任何一个国家或民族，都不能以牺牲自己的文化象征来谋求经济发展，"没有文明的继承和发展，没有文化的弘扬和繁荣，就没有中国梦的实现"①，在经济发展全球化速度与日俱增、各国语言都相互融合的情形下，强化汉语地位践行中国的文化自信，让中华文化走向世界是我国特色社会主义建设的一项更重要保障。通过提高国家文化的软实力，向全世界展现汉语文化的独特魅力，将中国优秀的文字与文化传播出去，以降低相对语言难度来提高对外文化交流水平，完善人文交流机制，创新人文交流方式，从而使中国文化与经济在世界舞台发光发彩。

1.1.2　选题意义

1.1.2.1　理论意义

语言本身是构成其他社会制度的基础，它也是讨论、研究、描述以及再现种种其他习俗、惯例和制度的工具（韦森，2014）。那么探讨语言的本质和不同语言的特征，以及研究作为一种特殊社会生活形式的语言对经济社会形式形成、构建、演化和变迁中的作用，就成为当前理论经济学研究的一个重要课题。

从经济学的视角重新看待语言，对于建设经济学与语言学的理论体系具有

---

① 摘自新华网《文化自信——习近平提出的时代课题》（http://news.xinhuanet.com/politics/2016-08/05/c_1119330939.htm）。

非常重要的作用，不论是中国语言学还是以索绪尔为主的现代西方语言学，其对于语言的研究都是将语言与经济活动区分开来，以历时或共时①的眼光分析语言现象，从而寻求语言中的共性。这种看法忽视了语言与经济发展的天然联系，从而构成了制度经济学研究的问题之一。在本书的研究中，语言不孤立于任何学科，恰恰相反它是所有学科之间的纽带。从经济学的视角看，语言具有传承和表达的功能，语言中充满了民族精神和生产关系。语言作为文化符号的标识存在于经济交往的方方面面，并与经济发展相互制约、相互影响。不同的语言由于其本质特征的不同，必定会对经济主体的决策行为产生微妙的影响，从而造成国家间经济发展的路径差异，而国家间经济实力变化又会促进语言的演化，从而建立起语言与经济学研究的桥梁。

从理论上讲，对语言的本质特征的研究是对制度经济学理论研究的一个补充，从先前研究可以发现，语言内生于经济发展之中，但并未有学者考虑语言内含的特质对经济增长的影响机制，更没有经验证据加以佐证。语言如何通过自身特质去影响经济增长？各国之间的交易成本是否受语言难易程度的影响？我国经济发展是否得益于语言制度改善？如何通过语言制度的安排践行文化自信？现有文献并没有做出回答。因此，本书旨在通过构建语言影响经济发展的逻辑框架，解释语言政策通过交易偏好、交易成本和技术进步影响经济增长的作用机理，试图从语言视角出发探究提高经济发展水平的路径与政策体系，为我国践行文化自信与弘扬中华精神提出相关建议。同时，现有理论在研究语言的经济效应时往往关注了语言的微观工具价值，而忽略了语言演化过程中制度与经济增长的交互作用，从而无法实现对语言政策规划的具体指导作用。本书基于演化经济学的基本观点，结合制度经济学对于语言经济效应的研究，得出语言政策演化与经济增长的交织影响，构建语言经济的一般理论。

1.1.2.2 现实意义

一方面，语言是文化的一个重要组成部分，是除地理国界外区别于其他民族的重要无形边界，是我们在经济全球化中得以生存的文化保障。因此，学习什么样的语言，以及我们的母语向何处发展等这些问题不仅关系到未来经济发

---

① 语言的共时性（Synchrony）和历时性（Dischrony）是结构语言学家提出的反映语言存在的时间与空间关系的说法。索绪尔之前的语言研究大多为历时性的研究，它们仅关注语言的历史变化和音义，而语言的共时性研究则更关注于当下多种语言系统之间的联系与区别。

展的方向，更是我们国家文化发展战略的重要保证。语言文字的传播是我们践行文化自信、提升文化软实力战略的重要一步。然而传统的关于语言文化与经济发展的研究往往停留在语言"同"的特质方面，忽视了语言作为文化标识本身内在反映出的本质的差异。本书的研究不仅关注语言的经济增长意义，同时也确认了语言内在特质的文化差异，深刻揭示了语言内在规律与文化特质，建立起符合中国特色的语言经济学。

另一方面，在经济发展进入"新常态"背景下，发展动力从主要依靠资源和低成本劳动力等要素转向创新驱动。如果纵观三次工业革命的历史经验和亚洲近代经济发展史，就会发现人力资本与科技创新是创新驱动型经济发展模式的前提和基础，而一国语言政策则是人力资本、技术创新的重要影响因素。以英语为例，从世界范围来看，英语的不断学习强化着印欧语系的经济政治地位，亚洲国家近乎狂热地进行英语学习，为本国技术创新和经济增长创造了必要的条件。因此，本书正是从语言的特质出发揭示这种现象的背后原因，为中国实现经济快速发展与弘扬中华文化精神提供语言规划的建设思路。从现实来看，如何评估不同时期的语言政策是语言经济学研究的一个重点，将根植于制度与文化的语言的多重属性用经济学的语言鲜明地表达出来并给予合乎现实的价值判断是构建符合我国社会主义特色的语言政策与文化自信的重要手段。本书通过对演化语言政策的实际价值的评估，选择合适的语言规划政策，最终使现存的语言最大化地促进经济增长。

1.2　研究思路与方法

1.2.1　研究思路

如图 1-1 所示，本书研究主要沿着"文献归纳—理论演绎—实证检验—历史分析—政策构建"的思路展开。首先，本书通过对语言演化历史轨迹的分析，发现了世界语言存在单一化、简单化、集中化的演变趋势，以此为依据提出"语言政策"这一核心关键词，用来解释由于语言政策引发的国家之间经济增长的差异。其次，本书从偏好、交易成本、技术进步三个角度出发，分

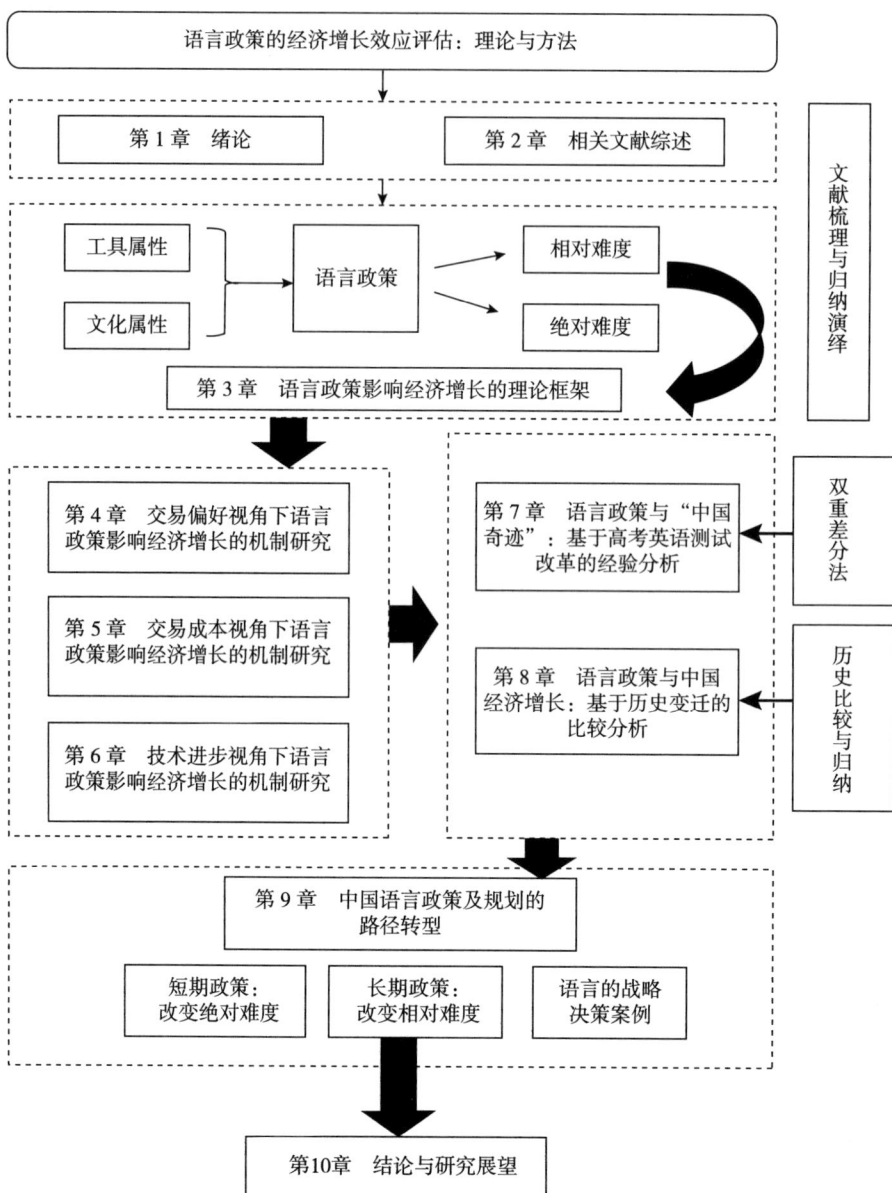

语言政策的经济增长效应评估：理论与方法

第1章 绪论　　　　　　　　第2章 相关文献综述

工具属性　文化属性 → 语言政策 → 相对难度　绝对难度

第3章 语言政策影响经济增长的理论框架

文献梳理与归纳演绎

第4章 交易偏好视角下语言政策影响经济增长的机制研究

第5章 交易成本视角下语言政策影响经济增长的机制研究

第6章 技术进步视角下语言政策影响经济增长的机制研究

第7章 语言政策与"中国奇迹"：基于高考英语测试改革的经验分析

双重差分法

第8章 语言政策与中国经济增长：基于历史变迁的比较分析

历史比较与归纳

第9章 中国语言政策及规划的路径转型

短期政策：改变绝对难度　长期政策：改变相对难度　语言的战略决策案例

第10章 结论与研究展望

图1-1　本书的研究思路

别从理论上构建了语言影响经济增长的三个渠道：①语言政策通过交易偏好影响国际贸易和投资，进而影响经济增长效率；②语言政策通过改变国际贸易和投资的交易成本影响经济增长；③语言政策通过改变技术扩散影响技术进步，从而改变一国经济增长。再次，本书根据这三个基本假设，利用世界范围内的面板数据对此进行检验，随后通过对亚洲国家语言政策的分析进一步验证这三个理论。最后，本书将视野移至中国，观察改革开放 40 年来中国外语教学的改变是否能够通过三个渠道影响经济增长，并从历史的角度梳理了中国汉语语言政策与经济增长的演化历程，进而为中国进行语言战略规划提供现实决策依据。

1.2.2　研究方法

本书所涉及的研究方法主要有以下几种：

第一，归纳和数理演绎相结合。本书通过总结归纳的研究方法，对现有关于语言与经济增长的文献进行归纳和总结，在研究问题上厘清语言政策影响经济增长的逻辑机理，发现研究存在的不足之处，并以此为突破口，结合经济增长理论和创新理论，通过演绎推断和数理推断论证语言影响经济增长的过程，构建本书的理论框架。

第二，历史分析的方法。语言政策的变化必须通过历史分析，才能了解其过去的演变过程，发现其内在本质。此外，还需要通过多国的比较与研究中国近现代语言政策转型历史，来寻找语言变化的本质原因，为构建语言政策与经济增长的变化提供历史依据和基本逻辑。

第三，广义矩的估计方法。由于语言因素对于经济增长影响具有内生性，而且不同国家之间经济增长的因素差别很大，并且由于可能存在遗漏变量，而当遗漏变量和模型的解释变量相关的时候，也会引起内生性问题。因此本书在进行实证研究的过程中，采用了广义矩方法（GMM）实证检验语言通过改变交易偏好与交易成本对经济增长施加的影响。

第四，面板数据 OLS 估计分析。由于本书选取的样本既包括世界主要国家的面板统计数据，也包含我国省域面板统计数据，需要利用 Stata 15.0 软件，采取面板数据固定效应（FE）和随机效应模型（RE）对变量之间的关系进行检验，判断理论假说是否成立，以期为经济和语言政策发展相关政策的制定提供现实依据。

第五，随机前沿分析方法（Stochastic Frontier Analysis，SFA）。SFA 是一种非常重要的测算效率的参数估计方法，在考虑存在无效率因素情况下，借鉴 SFA 模型可以对本书语言影响经济增长效率以及技术进步的机制进行检验，进一步为相关语言政策的制定提供现实依据。

第六，双重差分法（Differencesin Differences，DID）。高考英语改革作为新中国成立以来最大的语言教育战略，不仅是英语学习的"风向标"，更为我们提供了一个"准自然实验"，因此我们利用双重差分（DID）的估计思想来进一步评估高考英语改革事件对于中国经济增长的净效应，同时我们依然考虑了英语能力提升的滞后作用，并在双重差分模型中加入高考英语改革事件的滞后变量评估英语能力提升对于经济增长的动态作用。

1.3 研究内容

结合前文研究思路，本书研究的主要内容包括以下几个方面：

第 1 章，绪论。分别介绍本书选题的背景和意义，并简要梳理本书的研究思路和框架，说明本书具体研究方法，并阐述可能的创新之处。

第 2 章，相关文献综述。围绕语言与经济增长关系问题，本书从以下四个方面进行了梳理：①语言作为制度经济学研究的核心变量之一，其对经济增长虽不直接产生作用但却体现了人们经济行为在市场活动中的深层次差异。②语言作为人力资本的重要组成部分，能够有效提高劳动者收入，并且推动了语言产业对经济增长的正向作用。③由于学习语言具有难度，从而形成了语言成本，并通过国际贸易交往作用于经济增长和经济效率。④语言的收益和成本共同决定了一个地区的语言状况与文化面貌，语言制度的选择也是一国经济发展的侧面写照。最后，在现有文献的基础上对其进行客观评价，提出本书的研究方向。

第 3 章，语言政策影响经济增长的理论框架。语言政策是本书研究的核心内容，书中提出了语言政策的基本概念，通过对语言本质特征的分析，得到语言工具属性与文化属性、相对难度与绝对难度两个概念拓展，从而厘清了贸易偏好、交易成本与技术扩散的来源之一。本书在制度经济学的分析框架之内研究了语言与经济增长的关系，从偏好、交易成本和技术进步三个经济学基本概念出发，归纳出语言影响经济增长的三个命题，分析了语言影响交易偏好、交易成本和技术进步的逻辑，形成本书的基本理论框架。另外，本章还分析了现有文献对于语言概念和测度的研究中存在的问题和不足，抽出语言语法特征中的基本内涵进行测度，为全面度量语言特质提供依据，为本书实证创造基本条件。

第4章，交易偏好视角下语言政策影响经济增长的机制研究。本章主要是从世界范围内考察了语言及语言政策对交易偏好的影响，具体把语言相对难度和绝对难度作为度量语言的重要指标，分析它们是否能够通过改变贸易偏好作用于经济增长，并检验语言影响经济增长的逻辑假设。

第5章，交易成本视角下语言政策影响经济增长的机制研究。本章主要从交易成本的影响因素出发，选取世界上179个国家和地区的面板数据，并利用GMM等回归分析方法，检验了语言及语言政策通过交易成本影响经济增长的理论假说，并进一步从语言难度视角对发达国家和发展中国家对外经济活动中交易成本存在差异的原因做了探讨。

第6章，技术进步视角下语言政策影响经济增长的机制研究。本章以内生经济增长模型为基础，基于国家间的语言差异的变化，将语言难度纳入技术创新函数当中来研究语言政策对不同国家生产效率和总产出的影响，同时基于国际面板数据，采用SFA和工具变量法对理论假设进行检验，以期为政策制定提供实证依据。

第7章，语言政策与"中国奇迹"：基于高考英语测试改革的经验分析。本章将研究视点放至中国，考察了外语学习改革对中国经济发展的影响。利用高考英语测试改革的这一"准自然实验"对中国经济增长的效应进行评估，采用1978~2017年的省域数据就语言政策改革是否通过FDI、国际贸易和技术创新三个渠道对中国经济增长产生作用进行实证检验。

第8章，语言政策与中国经济增长：基于历史变迁的比较分析。本章以近现代中国汉语语言政策的四次变迁与经济增长的历史回顾为起点，分析了语言政策演化与经济增长相互作用的机理。

第9章，中国语言政策及规划的路径转型。根据前面章节的分析结论，本章从改变语言政策的角度出发提出协调语言保护与经济发展相应的政策建议，以推动社会主义文化事业的发展并促进经济长期持续增长。同时在实践案例上，本章从"一带一路"上各国语言差异的角度出发，提出了克服"一带一路"沿线各国经济发展中语言障碍的政策体系，发挥语言红利对于"新常态"下经济发展的促进作用。

第10章，结论与研究展望。概况本书研究的主要结论，总结语言政策影响中国经济增长的机理，同时简要说明本书研究中的不足，为未来进一步的研究提供视角和思路。

1.4 本书可能的创新之处

制度经济学认为，制度的变迁和发展与经济行为息息相关，语言作为一种制度符号（文化标识）对经济增长的作用渠道是什么、语言制度的安排会对一国产生怎样的影响、经济行为的变化又怎样重塑了语言的变化是本书回答的三个主要问题，为此本书可能的创新之处在于：

第一，从理论上研究了语言作为制度符号（文化标识）对经济增长产生的影响并阐述了其逻辑机理，构建了语言影响经济增长的理论框架。现有关于语言经济学的文献主要研究了语言作为交流工具对于人力资本和国际贸易的影响，而对于语言作用的机理并未全面探讨。本书从贸易偏好、交易成本和技术扩散三个经典经济学基本定理出发，推演了不同语言政策对于经济增长的影响机理。理论上证明了语言政策能够形成对生产要素的重新配置，进而影响经济增长及其效率，丰富了制度经济学的理论假说。

第二，对于本书重点的研究对象——语言，本书研究了其本质特征，提出了工具属性与文化属性、相对难度与绝对难度两个语言特质的基本概念，并利用语言学的基本定理对其进行理论描述和实证度量。以往研究对于语言政策的度量往往是简洁的，主要是从共同语言视角和语言能力视角这两个方面研究语言对于人力资本和国际贸易的影响。这种研究忽略了语言本身的内涵，从而也忽视了这种内在特征对于经济增长渠道的影响。因此，本书通过对大量语言事实和语言学基本概念，提出了语言的基本特征，为我国母语"走出去"战略提供理论依据。

第三，本书不仅证明了语言的绝对难度能够影响经济增长，也强调了语言的相对难度对于经济发展的重要作用。从现实意义上讲，面对英语逐渐成为世界舞台上的主要语言的情况，本书不仅用理论和实证解释了其形成机理，更重要的是从理论假设出发推导出保持语言与经济和谐发展之路不仅可以使用语言学习政策改变语言的绝对难度，而且可以通过长期文化对外传播改变语言的相对难度，从国家政策层面上提出语言规划的战略安排需要短期政策和长期政策配合使用。在亚洲国家对通用语已经完全接纳的同时，我们应当冷静看待"英语热"的狂潮，在保持英语学习的基础上通过长期安排汉语"走出去"战略改变语言的相对难度和绝对难度，践行文化自信，发挥语言红利带来的经济增长作用。

第2章 相关文献综述

    语言既是文化精神的表现形式之一，也是一国国际竞争"软实力"的重要象征。然而，随着一国经济与政治的不断发展，语言逐步作为综合国力"硬实力"的重要内容得到了政府和学界的普遍认可。基于此，研究语言与经济发展的关系问题就成为国内外学界普遍关心的热点和难点问题之一，这也为语言经济学的兴起与发展提供了新的契机，尤其是在全球经济增速放缓的背景下，研究语言影响经济发展的逻辑机理不仅有利于解决中国当前经济与文化发展过程中存在的瓶颈问题，也是广大发展中国家实现经济发展、语言文化振兴的重要依据。

    目前语言经济学作为语言学与制度经济学的交叉学科，在国内发展仍然较为缓慢。从文献综述的角度来看，早期的学者如林勇和宋金芳（2004）初步梳理了语言经济学的产生与发展，并从居民收入、经济发展、网络效应以及语言政策四个方面阐述了国内外学者对语言经济学的研究。之后的学者张卫国（2011）强调语言既具有人力资本属性，同时也是一种特殊的公共产品，而且语言作为制度要素的重要组成部分，不仅影响交易成本，而且影响其他制度安排的效率，基于上述逻辑框架，研究人员初步搭建起了语言经济学的一个分析框架，还进一步探讨了自然语言的起源问题，以及语言融合的相关问题。此外，也有学者关心语言经济学的后续发展问题，比如黄少安（2012）分别从理论、政策以及实践应用三个方面，强调了语言经济学的研究范式、汉语语言学习与少数民族语言保护以及我国语言产业发展等问题，其内容主要包括：在理论上，如何利用经济学范式与方法推动语言经济学的发展；在政策上，如何通过政策制定推广汉语的适用范围，以及保护少数民族语言等战略；在实践应用上，如何评价双语教学绩效和语言产业对经济增长的贡献，使语言产业成为国家发展的新红利。赵世举和葛新宇（2017）从三个维度八大视角研究了语言经济学的主要问题，主要包括：如何利用经济学基本理论分析语言学问题和言语行为；如何利用语言学问题去分析经济运行当中的语言现象以及如何从工具职能、经济职能与制度职能看待语言发展与经济发展的关系。

从上述语言经济学研究的文献综述中可以发现，学者主要是基于经济学分析范式，准确概括介绍经济学视角下语言内在固有性质及其演化规律与趋势等，为后续语言经济学的发展和研究指明了方向。然而也应该注意到，受研究问题与对象的限制，学者更多将注意力集中在语言本身的一些特性和问题上，而忽视了对语言与经济增长之间逻辑关系的梳理，这也使得现有学者在分析语言影响经济增长问题方面缺乏有效的理论与逻辑框架的指导，进而导致相关研究结论与成果显得有些薄弱，无法为现实经济以及语言文化的发展提供有效的借鉴。基于此，本章试图在回顾语言经济学、制度经济学以及宏观经济学等领域关于语言影响经济增长的研究成果基础上，分别以语言对人力资本、交易成本、技术创新等方面的影响为切入点，逐步厘清语言政策影响经济增长的理论框架，并对现有文献做出评价与展望。

2.1 语言制度

制度经济学为经济发展的分析提供了新的视角，相比传统要素对于经济增长的影响，制度因素显得内敛而婉转，但却发挥着不可忽视的力量，引导着经济发展的方向。而文化研究则是制度学派的一个重要分支，因此语言对制度研究是重要的。大量文献表明，在制度研究中，语言起到了不可忽视的作用。

2.1.1 语言的制度内涵研究

20世纪初的马克斯·韦伯首先看到了宗教文化改革对于资本主义发展的正向影响，并相信追求功利是正确的价值观念。Greif（1994）认为文化信仰是经济制度的重要构成因素，因而影响了经济机制的发展，而且制度变迁的路径和方式都会受到文化的影响。Bourdieu（1986）相信，与传统的物质资本概念相比，文化资本能够与教育形成更为紧密的联系。Throsby（1999）则将文化资本与经济主体联系起来，并通过经济主体行为，作用于经济增长。然而，由于语言内嵌于制度变迁的整个过程中，同时通过经济主体的语言或文字书写将制度形式和内容界定清楚。因此，"人的言语在一定情景中可以创生制度实在或制度规则，这似乎是一件不言自明的事实了"（韦森，2005）。如若文化能够对经济施加影响，那么语言作为文化最直接的符号，也必定能够施加于经济主体，从而在整个社会经济活动中扮演重要的角色。关于语言与制度经济学之间的联系，薄守生（2008）认为一个社会的语言状况反映了社会偏好和选择，并通过社会活动进行博弈并最终形成一系列的秩序，这种语言状况的异质性也形成了多样性的社会规则，在成为"非正式的约束规范"后通过法律演变为制度，从而紧密地将语言与制度联系了起来。简单来说，语言的存在表示了人与人之间交往的"约定俗成的秩序"（朱成全，2004），其原因在于人们在交往过程中表现出的思维习惯与语言有着密切的联系，语言不仅确定了人们交易活动的内容，同时也把思维、心理偏好等因素纳入其中，基于此可以认为语言与经济相互影响、相互演化且并存于统一的社会框架之下。Desmet（2016）证明，较深的语言分裂可能引起民族冲突并且缺乏再分配机制，而较浅的语言分割则能够为不同种族之间的合作与交流提供便利，从而促进经济增长。

2.1.2　语言影响制度形成的研究

早期的制度经济学家们认为，语言不能直接作用于经济增长。作为文化的表现形式，语言具有与过去历史相关而与制度结果不相关的特性，因而常以工具变量的形式出现在制度与经济增长的分析之中。由于具有正的网络外部性效应，语言进化得非常缓慢，从语言被创造到被世人广泛运用是个极费成本的过程，但同时它也随着移民、文化交流、新思想和新潮流的出现而缓慢改变，因而这两种力量使得语言和历史文化具有天然的联系，成为研究文化与经济增长最有效的工具变量之一。大多数文献一般采用语言的某一特性作为工具变量，如语言中的代词指向特征。Kashima 和 Kashima（1998）认为，那些具有强调第一人称代词语言的国家具有个人主义精神，更加尊重个人意愿和主权，因而能够用这个语言特质表现契约精神。Davis 和 Abdurazokzoda（2016）使用WALS数据进一步证实了这个观点。Alesina 和 Giuliano（2007）在分析家庭倾向文化对于劳动力市场供给状况的变动影响中，利用是否强调第一人称的语言特质作为工具变量，减少了文化对于估计结果的内生性问题。Licht 等（2007）专注于文化的三个平衡：文化的嵌入性与自主性、层级性与平均主义、控制性和与自然和谐相处。通过调查 53 个国家的小学和中学教师的反应，他记录了与之相关的多个国家的文化倾向：倾向于自治、平等主义，倾向于掌握具有更高的法治、减少腐败，倾向于更加民主的问责制度。为了控制反向因果关系，他使用代词的语法为工具变量。他认为，需要明确地使用语言"我"或"你"的信号，是对个人和自主性的重视。相反，使用允许省略主语（Pronoun Drop）的语句来强调个人的处境能够体现出更多的嵌入式文化。因此，他认为，这种语法的差异可以作为一种工具变量体现社会文化的嵌入程度或自治程度，并能够用来捕获一个国家文化的长期特性。基于这种科学的认知，Tabellini（2008）将语言中是否选取第一人称代词作为工具变量检验了信任和文化的关系。他相信，在语句中使用第一人称代词的国家，其制度更具有现代契约精神。Guiso 等（2009）在解释文化与经济增长的关系中，也使用了语言这一指标量化其与信任的关系，延伸了语言对经济发展产生影响的逻辑。Santacreu-Vasut 等（2013，2014）、Hicks 等（2015）和 Gay 等（2015）则认为不同语言在"性别"一词上的差异有可能影响女性政治地位、女企业家数量和女性的劳动参与状况。而随着研究的深入，Chen（2013）通过发掘语言内部特征，实证检验了 OECD 国家中不同语言对于说话者本人的跨期决策的影响，由于不同的语言在语法结构中对于时间观的表达不同，因而对储蓄、健康等跨期决策的影响是不同的：具有强未来效应的语言（如英语、葡萄牙语）的人更偏向于当期消费和较少的储蓄。因此随着对制度经济学研究的深入，学者不仅认为语言表现为经济活动中人们行为的深层次差异，更渐渐认识到语言对于经济增长的重要作用。

从文化的角度来看，上述文献解释了语言反映一国历史文化的深层次信息，因而语言对于各国来说是重要的。既然语言如此重要，那么选择何种语言作为经济交流的语言，则成为重要的命题。尤其是"二战"后的殖民国家，在恢复民族主义精神的问题上，无论是继续维持殖民地的文化精神，还是抛却殖民主义的烙印，这着实需要进行一番比较，因此在经济学界则有了关于不同语言的选择问题，生存抑或灭亡则取决于语言带来的成本和收益的大小。

2.2 语言政策

2.2.1 语言政策的内涵

从经济学来看，语言政策就是国家对于语言工具与语言文化的制度性安排，语言学则将这种制度性安排细化，如 Kaplan 和 Baldauf（1997）[①] 认为语言规划的实施促使政府（或某些权威机构及个人）制定语言政策，或者说，语言规划的实施受制于政府（或某些权威机构及个人）制定的语言政策。语言政策是一系列观念、法律、条例、规则和实践，其目的是按计划改变社会、团体或某些系统内使用的语言。Schiffman（1996）[②] 认为，语言政策从根本上来说是一种社会结构，它由各种具有显性特征的要素组成，这些要素可以体现在司法行政领域的司法语言、审判语言、行政语言、宪法语言或者法律语言中。另外，不管一个政体是否拥有这些显性的文本，语言政策还是一种文化结构，它主要体现在如下一些概念要素中——信仰体系、语言态度、语言谬见——我们将这些统称为"语言文化"，具体地说，它包括各种思想、价值观、信仰、态度、偏见、宗教束缚以及语言使用者说话时所带来的其他各种"文化报"。Mc Carty（2011）[③] 认为语言政策是一种复杂的社会文化进程，以及各种有关人类受权力影响而出现的互动、协商和生产模式。在这些进程中，"语言政

① Kaplan R. B., Baldauf R. Language Planning：From Practiceto Theory［M］. Clevedon：Multilingual Matters，1997.

② Schiffman H. F. Linguistic Cultureand Language Policy［M］. London and New York：Routledge，1996.

③ Mc Carty T. L. Ethnography and Language Policy［M］. London and New York：Routledge，2011.

策"体现在调控语言的各种权力中，即体现在用以界定语言形式和语言使用是否合法的各种规范要求中，语言政策以此方式对语言地位和语言使用进程进行管理。语言政策不是简单的"自上而下"或"自下而上"的行为，而是具有多层结构关系的活动。Tollefson（1991）[①] 认为语言规划和语言政策就是对语言的制度化，以便使之成为区分社会群体或阶层的基础，换言之，语言政策是一种机制，将语言在这个结构中定位，使得语言可以决定谁能获得政治权力和经济资源，占统治地位的团体通过语言这种机制建立起语言使用的霸权；他认为语言政策通过某些方式创建了不平等的机制。Spolsky[②]（2004）认为，语言政策既包括语言信仰和语言意识形态，也包括语言实践。语言实践，即对语言库中各种语言变体所做的习惯性的选择模式。David（2016）[③] 认为语言政策是一种影响语言结构、功能、使用或习得的政策机制，它包括：①官方的规章条例——通常以书面形式颁布，旨在改变语言的形式、功能或习得——从而影响经济、政治和教育机会。②非官方的、阴性的、事实上的、隐含的机制，与语言信仰和语言实践相关，具有调节社区、工作场所和学校内部语言使用和交流互动的力量。③包括政策制定、实施在内的整个过程——是一个受多种语言政策主体驱动，贯穿政策主体驱动，贯穿政策创建、阐释、援引和实施等多个层面的过程。④各种语境和政策活动层面中的政策文本和话语，它们受该语境独有的意识形态和话语的影响。可见，对于语言政策的概念，现有研究在不断丰富其内涵，但对于语言政策的本质的探究仍较少。

2.2.2　语言政策演化的理论分析

在理论方面，学者对于语言政策的选择基于博弈进行理论框架构建。他们通过考察学习所产生的收益函数和成本函数，来分析一个国家的劳动者在市场中如何选择语言学习作为其劳动技能，进而对国家的语言政策选择给出设计建

① Tollefson J. W. Planning Language, Planning Inequality: Language Policy in the Community [M]. London: Longman, 1991.

② Spolsky B. Language Policy: Key Topicsin Sociolinguistics [M]. Cambridge: Cambridge University Press, 2004.

③ 戴维·约翰逊. 语言政策 [M]. 方小兵, 译. 北京: 外语教学与研究出版社, 2016.

议，提出语言规划者要选择总成本最低的语言。Grenier（1985）认为，当且仅当当事人由于双语政策而产生的收入增加的现值超过成本的现值时，才有可能学习双语。Lang（1986）、Selten 和 Pool（1991）则认为学习非母语的收益不但与收入有关，而且还与该语言习得人口有关，并首次强调了母语与外语差异对于语言收益与成本的关系。Church 和 King（1993）认为，语言习得的均衡模式取决于学习成本和习得语言的人数。Ginsburgh 和 Prieto（2005）认为外语政策的收入效应并不是固定不变的，针对不同的地区，其收入效应的大小有所不同，而且可能会带来额外的其他效应，但他并没有进一步去评估这些其他效应。Ginsburgh 等（2007）与 Gabszewicz 等（2008）在此基础上分析了语言的异质性，着重强调了语言学习产生的成本不同，会造成语言政策选择的不同，语言政策的均衡取决于一国语言沟通总收益与总成本的差异。在实践方面，欧盟的多语环境为我们提供了良好的典型实验现象，因此大多数文献通过构建语言剥夺模型围绕欧盟官方语言的选择进行评估。Ginsburgh（2005）、Fidrmuc 和 Ginsburgh（2007）计算了语言被剥夺权利率或者维持本土语言的成本，并发现了不同的语言其语言被剥夺权利率和维持成本对于欧盟各国的经济增长效率是不同的，从而建立了最佳的语言组合方式以降低交易成本。这些文献对于语言的收益和成本的描述没有一致的意见，它们大多关注语言工具属性下的收益与成本，缺乏对语言二重属性的认识，造成博弈结果与现实世界的不一致。

应用博弈论解释语言行为的均衡问题是主要的方法，Grenier（1985）的博弈模型假定两种语言，每个人的收入水平与三种因素有关，包括母语、双语和影响收入的其他因素。在模型的其他参数固定的情况下，双语增加的收入现值大于双语成本现值。Grenier 使用人口数据来估算的参数预测方程，对任何一套人口数据来说，其派生参数都不是固定的。Lang（1986）建立了一个双语言的劳动力市场的均衡模型，假设所有雇主有相同的母语，雇主选择雇用与雇主拥有相同母语的工人或选择拥有其他母语的工人，在后一种情况下，要么这些工人必须是双语使用者或要么雇主必须成为双语使用者。工资能够准确地补偿双语员工的双语成本。因为雇用单一母语的工人会得到更高的利润，因而雇主总是愿意雇用单一语言的工人，结果是工资差距和语言差异被消除。在此基础之上，Selten（1991）进一步放宽了假设条件，将纳什均衡引入动态分析中，并将其运用于语言选择分布的策略之中，他认为在一个群组社会中语言难度与个人学习能力具有反向联系，一个群体的语言决策应该是选择具有平均难度且收益最高的那种语言而非具有特定高收益的某母语（如英语、法语等），这一结果表明，任何一组最佳回答都会表现出这两个因素的负相关关系。Selten 仅仅对于语言选择在理论上进行了动态博弈描述，Ginsburgh 等（2007）在此基础上完善了博弈情景，并实证检验了英语成为世界第一大社交语言的原因，并将主要原因归结于地理距离和母语人口决定了该语言的强势程度。

2.2.3 语言政策选择的影响因素

（1）经济增长效率。大量案例证明语言能力对于国际交流有着非常强的作用，因此国际间语言的选择是非常重要的，Janssens 等（2004）从政治的角度审查语言策略，他认为不同的语言和文化不是中立的，而是可以反映地位和权力的差异。他预计，一个共同的语言与多语言的选择将影响到权力结构的象征资本。Bourdieu（1992）认为语言作为控制国际交流的主要方式，占主导地位的语言或多种语言的流畅成为一个非正式的专家动力源。Ginsburgh 和 Weber（2005）、Fidrmuc 和 Ginsburgh（2007）开发了一个简单的模型用于解释欧盟 25 个国家官方语言的制度选择，并计算了语言被剥夺权利率或者维持本土语言的成本，通过这种方式，他们发现不同的语言被剥夺权利率和维持成本对于欧盟各国的经济增长效率是不同的，并试图建立最佳的语言组合方式以降低交易成本。杨慧林（2009）则通过英语发展的历史发现，近 4 个世纪英语发展成为大语种的原因正是在于 17 世纪英国海外贸易与殖民战争的成功。韩文秀（2011）通过对货币和语言进行比较研究发现，国家之间人文科技的交流依赖于语言媒介，但语言媒介又与国际货币同时带有某个国家或者民族的特殊文化印记，从而促进了一国语言、货币和国际地位形成"三位一体"的关系，人民币和汉语要想获得国际地位，必须通过经济增长与创新来维护其在国际上的地位。陶士贵和刘睿辰（2013）在探讨国际语言的地位时认为，经济实力与规模、文化与科技进步是影响语言地位的主要因素。数十年的发展经验已经证明英语正在全球范围内快速地扩张并影响了全世界的经济文化交流与技术贸易，这种力量虽然强大，但未被系统论证。

（2）社会认同。Joseph（2001）讨论了英语扩张的原因并对其发展进行预测，自 19 世纪欧洲经济迅速腾飞并伴随着政治经济环境的英语化，英语成为全球语言的主流，现在英语正在不可阻挡地进行蔓延并且无法停止地在教育系统扩展，最终英语可能成为世界唯一的语言。他通过对三个国家 6000 人的调查发现，在语言学习的动机和态度上，加拿大和法国学生主要出于参与社区交流和将英语作为一种工具的动机学习英语，而日本学生则主要出于获取社会资本动机的需要。Barner-Rasmussen（2003）在研究中欧初级主管时发现，北欧诸国高层管理人员的双语选择带来了高于他相应等级的知名度，因而，语言能力可以提供一个共同的社会身份，从而形成群体效应。双语能力能够增加国际企业组织学习的机会，形成企业的核心竞争力。国内学者如陆铭和张爽（2007）、刘毓芸等（2015）、陈媛媛（2016）以汉语方言为研究对象，认为方言之间的差异可能会成为劳动力流动的障碍，因为当人们讲同一种语言就会有相同的身份认同，从而提高个体与组织的社会资本并影响他们的劳动力流动与收入的提高；反之，跨方言的存在则会影响劳动力的流动从而不利于地区经济发展。作为非正式制度的语言，方言能够影响个体与组织的行为，从而影响经济增长（陆铭和李爽，2008）。

2.3　语言政策选择的经济效应研究

2.3.1　人力资本视角下的语言政策影响经济收益的研究

文化是多元的，不同国家有不同的表达方式，因而语言作为一种交流工具是有成本的，这种成本决定了语言融合的方向，但无论是人们自发的语言融合还是强制性的融合，都是为了提高自身收益、降低交易成本、适应社会各方面（包括技术、交流、融合等）的生产生活要求等（张卫国，2011）。一个典型的例子是战后印度的腾飞，在全球化浪潮席卷世界的 21 世纪，英语是印度发展的助推器。作为印度官方语言的英语在教育制度、科技创新、经济发展等方面都为印度提供了最直接的助推元素，印度约有 1/10 的人能够熟练使用英语，这成为其经济发展一大优势。语言对于经济发展的直接正向影响来自语言的微观收益与宏观收益。

语言为何能够进入制度经济学家的研究范围？除却其本身"文化符号"的内涵之外，其外延是否能带来某种经济价值？我们知道，单纯的语言并不能产生收益，但若作用于人力资本，则将产生巨大的价值并作用于整个社会。作为文化的符号，语言承担了人与人之间的经济交流的媒介，并作为人力资本积累进入生产函数（Bloom & Grenier，1992）。Grin（1996，2007）认为语言研究是主流经济学范式的一部分，他使用经济学的概念和工具重点研究了语言和经济变量之间的关系。他认为，作为民族特性的语言能够对经济地位（特别收益）、人力资本以及教育经济学产生作用，因而语言技能被解释为经济优势的来源之一。由于语言学习需要耗费时间，在马克思主义经济看来，这种耗费的社会必要劳动时间是形成语言价值的唯一源泉。

关于语言是否能够产生收益的理论，最早是由 Breton 和 Mieskowski（1975）开创并给出理论假设的，他们尝试在人群中按语言技能分布建立模型，假设这种分布是固定的，给定一种语言技能的人口分布并使成本收益与此相关，那么人们可以预测语言专业产品的收益和劳动力市场以及企业内部语言技能的分布（Breton & Mieskowski，1975；Sabourin，1985；Vaillancourt，1985），以此为依据 Gould 和 Welch（1983）、Chiswick 等（1991，1993）、Grenier（1984）、Kossoudji（1988）、Tainer（1988）开始尝试使用调研数据研究在移民国家中蕴含双语能力的人力资本是否能对其个人收入产生确定性的影响，在固定了其他能够影响个人收入水平的因素后，他们发现，双语劳动者能够依靠这种技能显著提高自己的收入。张卫国（2008）也相信，双语竞争力是语言发挥其人力资本作用的一种表现形式，在语言多样性较多的地区，语言学习能够为个人带来更高的薪水和额外的津贴，也能使产品更容易进入国外市场，使国家更容易在国际经济交流中取得主动权。

将语言放宽至世界我们就会发现，不同的语言对于劳动者的收益是不同的，在检验语言对于工资收益的实证分析中，学者也会尽量通过使用工具变量的方法来消除语言的内生性问题。Angrist 和 Lavy（1997）利用摩洛哥劳动力市场数据实证检验出该国独立后官方语言从法语到阿拉伯语的转变对个体收入产生了负效应，并进一步推测这种情况大幅减少了经济溢价，相同的处境也来自其他战后独立国家。为了消除语言的内生问题，他将摩洛哥学校教育系统的政策是否改变作为工具变量估计了法语区、阿拉伯语区与本地居民收入的差异性，但是这种准自然试验并不是放到哪里都准确，由于他的研究仅限于一个阿语国家说英语的情况，因此无法将这种结论外推至美国甚至是全世界的国家。Chiswick（1993）主要关注语言流利程度对于工资的影响以及不同移民收入因素内生性的问题。他假设占主导地位的语言的流畅性是三个基本变量的函数：接触到的语言、第二语言习得的效率、语言流畅的经济效益，并利用美国、加拿大、以色列和澳大利亚移民者的数据实证检验了移民者语言与收入因素之间的相关性。Dustmann（1994）利用调查问卷，进一步实证证明了在移民国家拥有双语的个体要比那些没有双语的个体在劳动市场的竞争力更大，获得的收入也更高，因此移民区对于儿童双语教学非常重视，因为这些语言能够成为日后劳动者的人力资本，从而提高劳动者的收入。与上述研究相似，Chiswick 和 Miller（1995）运用小语种在居民、退伍军人中的集中度以及是否与外国人结婚和小孩的数量作为工具变量估计了语言对于居民收入的显著性影响，但是这些工具变量在工资方程中是否外生受到了来自 Borjas（1994）的怀疑。Bleak-ley（2004）将幼儿学习外语比年长者效率更高这一现象作为语言表现的一个工具变量，进而将幼儿是否从海外移民至美国作为一个工具变量，估计了移民者语言水平与工资的关系，他发现越晚移民至英语国家，掌握第二外语的成本也就越高，从而工资收入也会比较早移民者低，并利用美国个人调查数据估计了这一效应的水平。工具变量的选择是根据语言的掌握程度与年龄有着天然的相关性这一理论而来，小孩要比少年更容易学习外语，而且认知科学家已经定义了一个学习语言的黄金年龄，在这个年龄之前，掌握外语将成为自发性的认知活动，因此成本较低；一旦超过这个年龄，这个人的表现将具有不确定。Lazear（1999）在论证美国移民儿童的双语教学中指出，依靠多语言交流融合能够实现文化融合，并在多元文化中得到显著的收益，而不同语言的收益是不同的，比如英语和汉语学习的效率不同，其收益就有可能不同。Dan 等（2005）利用 367 位拉美裔和白人种族的调研数据检验了西班牙语和英语关于地理、文化、语言流畅性变量及其之间相关独立性在神经系统评估（Neuro-psychological Assessment Scales）方面的理论并得出结论，教育和语言对种族之间 SENAS 分数差异形成了显著影响。Gonzalez（2005）通过实证分析美国移民者的英语能力发现，移民者的英语越流利，其工资损失越少，就业率也会提高约 6.5%。刘泉（2014）利用中国综合社会调查报告（CGSS2006）的数据，使用明瑟方程估计出中国部分城市外语能力对劳动者收入的回报率约为 70%。此后，赵颖（2016）使用 CGSS（2010）数据进一步测试了劳动者语言能力对其劳动收入的影响，影响程度约为 11.62%~15.60%，同时他还分析了英语听说读写能力对劳动者收入带来的差异化溢价，其原因在于较高的语言能力能够显著降低劳动者的工作搜寻成本，语言具有较强的正外部性。

语言的高收益也带来语言产业的发展，在中国，以英语为主的培训与考试所带来的收益，每年约占国内 GDP 的 1%，以著名的新东方英语培训机构为例，至 2014 年，纽交所新东方上市总收入为 11.39 亿美元，累计学生总数为 1610 万人，而国内市场的翻译收益约占 GDP 的 1%，欧盟作为语言多样性最高的合作组织，其语言产业产值约为 200 亿欧元，且不受金融危机的影响。苏剑（2014）通过测算我国语言产业对经济增长的贡献率发现，语言培训市场每增加 1%，GDP 将增长 0.09%。Grin（2003）估计，加拿大的语言产业为该国 GDP 每年至少贡献 27 亿美元。在外需为经济增长主要动力的国家，语言产业通常对国民经济的发展带来巨大的收益。但是，目前关于语言产业的研究存在着产业分类不清晰以及语言产业对于增长效率作用机制不明确等问题。

2.3.2 交易成本视角下语言政策选择的经济效应研究

关于语言成本，主要指两方面：一方面，学习语言具有难度。汪丁丁（2001）将这种学习难度视为成本，并定义了一个类似生产函数的学习函数用于表现这种成本，即在给定人力资本存量前提条件下，进一步约束了语言的难度空间，通过最优分析指出语言难度空间在人类语言与大脑的共生演化过程中，呈现出从原点向外、由简入繁、由易到难的特点。Selten（1991）则认为，工人的语言学习成本包含两部分：语言难度因素和个人因素，而语言难度因素则仅由语言属性决定，即该语言母语还是外语。Selten 也相信，语言难度因素反映了三个问题：①一些语言会比另一些语言难；②由于所处语系的不同，学习双语所需的成本并不等于学习任意语种成本的组合，同在一个语系，学习成本要比不在同一语系的难度低；③学习双语所需成本取决于该人的母语。另一方面，要在双边贸易当中实现更便捷的交易，也需要双语能力的人，这明显体现在企业的谈判成本之中。Harris（1998）认为，在外需型经济增长的框架中，语言对于促进企业贸易起到了非常重要的作用，以加拿大为例，法语、英语的双语能力能够极大增强企业在国际贸易中的竞争力，企业中的双语成本是非常重要的一部分。因此，对于双语国家来说，制定适合的双语引导政策抑或是进行文化扩张对于当地的投资与贸易有着非常重要的影响。

尽管绝大多数国际贸易理论认为，供给因素（如技术、要素禀赋、贸易比较优势等）决定了一国的贸易水平，但以杨小凯为代表的新兴古典国际贸易理论则强调，贸易规模和发展水平内生于交易费用和交易效率之中。另外，贸易距离作为一种力量因素受到了广泛的关注，东道国的历史、语言、宗教和政治制度、民族组成甚至是气候情况都作为贸易距离被考虑到国际贸易的范畴之内（Srivastava & Green, 1986; Dow & Karunaratna, 2006; Sousa et al., 2008）。由于在国际贸易中，不同文化的冲突日益显现，因此将文化作为解释贸易壁垒的研究近年非常常见（Mélitz, 2008; Guiso et al., 2009; Alesina & LaFerrara, 2005），Guiso 等（2009）在解释信任问题时认为，作为文化距离的解释变量，语言对贸易成本起到了正向作用，距离和共同语言对于信任起到了负向作用。Anderson 和 Van Wincoop（2003）估计与语言成本相关的税收在 7%左右，近乎与关税壁垒或者信息成本、安全壁垒相等。Ellis（2007）认为语言通过多种方式影响国际贸易行为，如风俗习惯、消费理念、语言差异等。潘镇（2006）建立了一个包含制度变量的扩展引力模型，语言相似的国家具有较近的制度距离，因而双边贸易的活跃程度也较其他国家和地区不一样。White 和 Tadesse（2008）通过文化距离的差异解释了东道国和移民国贸易冲突的问题，较大的文化距离可能引起贸易成本的上升。Kua 和 Zussman（2010）以语言距离为工具变量，研究各国英语能力水平与国际贸易水平的关系，他们和 Dyen 等（1992）的研究比较了两种语言 200 个基本词汇，如"母亲""父亲"等在语音表达方面有多少重叠，从而标准化重叠得分，英语被设置为 0 分，但由于该研究仅仅测算印欧语系的距离，使得这项研究仅能在印欧语系中展开，从而降低了实证的可信度。

观察到的交易成本不能完全解释跨境贸易的差别已经成为不争的事实，因而将视角转移到文化差异性的假设上是最近研究的主要方向，Tadesse 和 White（2010）在文化距离的研究基础之上定义了民族文化（即共同习惯于传统、信仰与语言、态度、价值观等），他们认为国家之间的文化差异对应社会制度的差异性和信息不对称，信任缺乏会引发贸易承诺的交易成本，其研究的开创性贡献表现在两个方面：第一，量化了人们在不同国家之间的共同规范和价值观念的差异；第二，实证检验了 58 个国家的文化距离对国家贸易之间的影响，并揭示了其如何影响本国的经济，同时研究结论显示贸易成本的降低与较小的文化距离有关，而且文化距离的存在也使不同产品贸易规模存在显著差异。

在国内，李景峰、刘英（2004）认为语言难度的理解误差是造成国际贸易谈判成本上升的一个原因，从而影响了贸易的完成。顾国达和张正荣（2007）则运用"文化认同"这一概念分析了 FDI 更倾向于文化认同度较高的国家，即拥有着相似语言文化的地区，这样可有效消除投资带来的信息不对称，从而降低投资成本。宁继鸣（2008）认为传统贸易中的成本与语言存在密切联系，中国在国际经济交流时由于语言文化的障碍过大，造成了较大的贸易壁垒，因此需要进行汉语推广，从而进一步走向国际合作。宾建成、徐清军（2007）在比较了英语国家和非英语国家的经济增长后认为，英语的广泛使用能够降低全球的通信成本，进而增加劳动者的跨界沟通，并且英语能够被应用于信息技术产业，因此对于共同英语国来说，英语起到了非常重要的作用。徐现祥等（2015）以汉语方言为研究对象，认为汉语方言带来的理解障碍会增加人们社会交往中的心理距离，从而阻碍了信任、沟通与技术进步，不利于现代经济的发展，在控制其他因素情况下，消除城市中的方言多样性可将人均产出水平提高 30%左右。

跨国公司的一个重要特征是其是一个交织着多种语言的经济实体，这被认为是国际贸易的基本特征（Govindarajan & Gupta，2001），并成为企业竞争力的核心部分，国际贸易无法解决的一个问题是地理距离不能解释国际贸易的偏好，Beckerman（1956）将这种无法观测到的贸易距离定义为"精神距离"（Spirits Distance），用来解释澳大利亚为何更偏向于与加拿大而非地理距离更近的印度尼西亚做贸易的现象，他认为国际贸易更加偏好于语言相似、文化雷同的国家。Evans 等（2000）定义精神距离是两地区之间由于文化理解和商业精神的不同所导致的贸易距离，这种商业精神上的差异包括法律与政治经济环境、商业水平和语言以及由于这些差异导致的市场分割等。Spierdijk 和 Velle-koop（2006）发现了地理投票模型，他们认为文化、语言、种族等都影响着公民投票行为与国家偏好，这成为解释国际贸易偏好的基础。Dow 和 Ka-runaratna（2006）利用搜寻成本理论解释了为何东道国直接投资时更偏向于相同语言的国家，因为它们不但能够提高交易效率，而且有助于跨国公司之间取得快速的相互信任，从而降低搜寻合作者的成本。Barner 和 Björkman（2007）利用社会信任在跨国公司中的作用进行理论研究，发现相似的语言有利于跨国公司管理人员获得人缘，进而国际直接投资也就越多，并且语言的流畅性和使用社会化机制有两个共同的身份建设机制，可以充当跨单位信托和共同愿景的重要驱动力。Taavo（2008）、Felbermayr 和 Toubal（2010）分析了欧洲国家之间的双边贸易和偏好，并基于欧洲歌唱大赛（Eurovision Song Contest，ESC）的地理投票模型证明了共同语言不但能够降低"交流成本"，更重要的是能够影响文化偏好。

Arietal（2014）实证检验了欧洲出口贸易、文化距离和国家偏好之间的关系，有共同语言的国家拥有较小的贸易成本。易江玲和陈传明（2014）在"心理距离"的研究基础上，从缘分视角出发研究了中国国际直接投资中心理距离的重要作用，语言作为"人缘"的一个维度，对于外国直接投资有着较强的影响，在考察了中国和 84 个贸易伙伴的国际直接投资后，他们认为国际贸易当中的中国更倾向于投资共同语言的国家。刚翠翠和任保平（2015）利用 179 个国家的数据，实证检验了语言成本能够通过国际贸易与 FDI 对经济增长率产生长期影响。张卫国和孙涛（2016）以托福成绩为测度国民英语能力的指标，从宏观角度考察了其对国际贸易的影响，认为国民英语能力的提升能够很好地促进对外服务贸易的流量的提高。

2.3.3　技术创新视角下语言政策选择的经济效应研究

不同的语言政策变化能够影响人力资本对技术的吸收能力进而造成技术扩散速率和生产效率的差异。Caselli 等（2001）较早关注了经济主体双语能力对于技术吸收能力的影响。Keller（2002）发现在开放经济条件下，技术进步不仅与贸易有关，而且与交易双方使用的语言有关，实证结果显示如果西班牙的英语使用人数与荷兰相当,其经济收益将会提高15%,正是现有语言制度安排约束了该国技术水平的提升。Gandal(2006)选取加拿大居民的网络数据进行实证分析,强调了居民双语能力对于技术扩散的积极影响。而 Matteo 和 Sebastián(2012)、Pearce 和 Rice(2014)等学者在研究发展中国家 ICT 技术扩散时,发现了经济主体语言差异对于新技术应用的显著影响,并强调了发展中国家语言难度较高时更需要高水平的人力资本与之相匹配。

2.4　中国语言政策演化的经济效应研究与评估

中国语言政策的演化及效应评价主要是基于汉语方言、外语政策与对外汉语三大类政策的静态评价。

第一,基于汉语方言的考察。我国普及汉语普通话,并对汉语方言与少数地区民族语言始终采取保护策略。从经济效应来看,陆铭和张爽(2007)、Falck 等(2012)、Chen 等(2014)、刘毓芸等(2015)考察了中国区域内的方言对于劳动力流动的经济增长效应;徐现祥等(2015)、林建浩和赵子乐(2017)则考察了地区方言变化对技术扩散等经济增长效应的影响,也阐明了语言差异对于个体知识交流产生成本从而影响经济增长的逻辑。苏剑和黄少安(2013)则基于 Zipf 模型,对中国目前的单语政策和简化字制度提出了评价。戴亦一等(2016)利用《中国语言地图集:汉语方言卷》,剖析了董事长和总经理的方言一致性对双方互动关系的影响机理,从文化属性上分析出方言一致可有效降低代理成本进而促进企业发展。

第二,基于外语政策的考察。张卫国(2011)、刘泉(2014)、陈媛媛(2015)、赵颖(2016)以及程虹和刘星滟(2017)从实证调研数据出发探讨了普通话能力与外语能力对于个人收入的影响,在劳动力市场当中,拥有较高的普通话听说水平和良好的外语能力能够为劳动者获得更高的收入。刚翠翠和任保平(2015,2018)分析了各国语言的差异,并认为中国的外语政策显著地促进了经济增长。张卫国和孙涛(2016)以托福成绩为测度国民英语能力的指标,从宏观角度考察了其对国际贸易的影响。

第三，基于对外汉语的考察。随着经济全球化的速度的不断加快，外向型语言政策也越来越多地被关注起来，中国的对外汉语最直接的传播就来自孔子学院的设立，因此一些文献基于贸易引力模型等考察了孔子学院建立对于创新扩散以及经济增长的影响（连大祥，2012；周汶霏和宁继鸣，2015；陈胤默等，2017）。然而现有文献忽视了中国语言政策的动态演化，使得现有研究无法解释中国语言政策演化的过去，也无法为其进一步发展提供有效的指导路径。

2.5 文献述评

通过以上文献的总结和回顾，我们认为现有文献对于语言与经济增长认识的不足主要有以下五个方面：

第一，先前学者在研究语言时往往将语言依附于制度或者文化的一个层面，因而没有考虑到语言的本质，所以在进行实证分析时，对语言政策变量的选择往往使用"是否使用共同语言"这一虚拟指标来衡量，但虚拟变量指标往往忽视了语言政策的更多信息，忽略了语言作为文化范式中的特质，从而可能造成语言对其他变量估计的偏差，引起研究结论出现不一致的现象。因此我们需要抽出语言政策的内涵，度量国家间语言特质的差异，为分析经济增长的差异做准备。

第二，先前学者虽然研究了语言对于经济某部分的影响（如对人力资本、国际贸易等），但不同语言对于经济增长或经济效率是否具有作用、作用有多大是目前尚未解决的问题。Pelikán（1969）认为外语较量中的误解因素或成为阻止经济增长的原因，由于语言的相互冲突，中央决策者无法将所有外语效用准确地表示成国内的需求，因此外语被视为一种阻止市场集中度的因素。Maher（1996）分析了加勒比海岸的一个小岛上法语与本地语言的多元语言共存现象对当地社会网络以及经济发展的影响，他认为不同语言通过不同的人口迁移与经济能力对小岛的生存施加了影响。这些初步的研究为本书提出的问题提供了证明的思路。但关于语言与经济增长研究的这个问题的主要难点在于，从理论逻辑上看，我们对于语言内生于经济增长中的机理尚未完全有明晰的探讨；而从实证检验上看，我们目前也没有很好的可以测量语言变量的工具。

第三，从语言决定的过程演变来看，先前学者很少讨论语言的演化以及语言的制度安排对于经济增长的影响。Boraan 等（2014）通过对比各类机器语言在运算宏观经济模型的速度发现了语言在经济增长中的优劣之分，机器语言汇编的优劣程度决定了其在经济运行结果中的速度的快慢，这给了本书启示。一些古老的语言已经随着世界经济政治一体化的进程正在缓慢消失，从 Selten（1991）分析的结果来看，他认为这是利益博弈的结果。因此，我国经济发展中是否得益于语言制度的安排，以及我国语言演化对于经济增长的影响也是我们需要讨论的一个问题。

第四，从语言规划的发展战略方向来看，先前学者仅仅讨论了语言带来的收益但没有具体地为语言进行战略规划。语言虽然没有优劣之分，但如同文化资本等其他制度资本一样，存在着规模经济的问题。因而通过文化扩张释放语言红利，是未来全球经济与政治发展的关键所在。如何制定一国的语言政策，从而促进国际经济文化交流？发展语言培训与翻译产业，是在新时期所有增长动力乏力的情况下寻求新的经济增长点的一个突破口。在生产全球化、经济全球化的境遇下，生产性服务业主导经济发展已成为各国经济的重点，而作为整个经济、技术、政治、文化交流的载体——语言，其服务价值已开始显现出来，因此国家不仅需要依托语言进行文化扩张，而且需要将语言作为生产性服务业来为整个国家经济降低交易成本。

第五，对于中国语言政策的经济效应缺乏系统的、演化的分析。中国的语言政策纷繁多样，在不同时代对于中国经济发展起到了不同的作用，现有文献多为静态的分析而忽视了语言政策的系统性。

基于此，本书将从语言政策的内涵出发，通过挖掘语言的本质特征，探索语言影响经济增长的三条路径，利用跨国数据检验语言政策对于经济增长的影响程度，并对中国的语言政策变迁与经济增长做出合理的解释，为我国的语言制度安排与语言发展战略规划提出针对性的政策建议。

第3章 语言政策影响经济增长的理论框架

  文化是决定一个国家能否繁荣的重要因素，它能够影响到个人对风险、收益以及机会的看法。在人类进步的过程中，文化价值观对于组织经济活动所遵循的原则至关重要，也因此促进了社会变革和进步（哈里森，2010）。而语言作为文化标识的一部分，承担着交易工具与文化属性两个功能，同样能够影响经济主体的行为。语言的本质是什么的问题是语言学家一直探讨的核心问题，不同的语言具有较大的差异，这种差异就是语言的特质，在经济活动中语言政策主要体现在两个方面：文化属性和工具属性属。语言的文化属性显示了其文化偏好，决定了个体是否进行交易；而语言的工具属性显示了语言的学习成本，因而它决定了个体能够交易的多少，这样语言政策与经济发展形成了密不可分的关系。

  语言是文化的传承，是文化的具体表现形式。人类社会所形成的文化都存在于语言之中并通过语言的形式流传下来，因而语言是文化最重要的组成部分。我们习得文化时，总是要通过语言来习得，因此人们在认识和感受文化时总要受到语言的影响，被迫接受前人的语言并进行思考，语言能够提供广泛的有关使用该语言的国家的文化习俗和制度等方面的有效信息，并反映使用该语言的民族的心理特征。伴随着世界经济联系越发紧密，人们在政治、经济、文化、科技等方面的融合与交流越发频繁，人们之间的语言也在相互碰撞相互交流，从而形成了独特的语言现象。洪堡特的"语言世界观"认为，民族语言受到了来自民族思维的限制，由于各民族认识事物的角度不同，因而由语言表达出的世界观肯定也有所不同。同样，萨丕尔·沃尔夫的语言相对假设也同样认为一个人对世界的认识受制于自身语言（Lantolf & Thorne，2006）。因此，某种语言总能表现出文化的一种状态，例如 Chen（2013）认为，拥有未来时态的语言更偏好于强调未来，导致了该语言使用者从思维认识上认为"现在"与"未来"明显不同，因此他们更加珍视现在，从而更多地进行现期消费，因此不利于居民储蓄。反观汉语，在表示时间上并没有明显的区分，因此导致汉语使用者将"现在"和"未来"混为一体，从而更偏好于未来消费，导致居民储蓄增加。语言的这种特质从心智上反映了不同民族的文化精神。

除此之外，语言作为订立制度的主要元素，本身对制度的形成和发展方向有着重要作用。Tablini（2008）认为，第一人称是否可以去掉体现了一个国家的制度质量。不同的语言在谈话中对于人称代词的使用要求是不同的，一些语言如法语系、拉丁语系，允许说话者选择是否使用句子中的代词。而其他语言，如英语则必须使用代词。禁止去掉第一人称代词的语言文化传统更加强调个人，因此更尊重个人及其权利。一些语言如法语，Tu 和 Vous 的区分表明说话人之间的人际关系。语言学家指出，这个 T-V 的区别本来存在于许多语言中，并与权力的层次结构相匹配。因此，有严格 T-V 区别的语言所在的社会更加注重社会距离和层次，因此它们并不特别尊重所有个体平等的原则。Licht 等（2008）使用这种语法规则作为文化的工具强调个人主义的特质，以此解释执法和尊重法治。Alesina 和 Giuliano（2007）也用它来衡量文化对家庭的影响，解释劳动力市场和社会结果。

从上述文献可以看到，无论是制度经济学下的语言工具变量，还是人力资本视角下的外语学习能力，抑或是文化标识中的共同语言，先前的文献都将语言看作是共性的变量，而忽视了对其异质性的研究，导致学者在研究经济主体行为或是宏观经济运行时，忽略了语言差异造成的影响。因而本章通过定义"语言政策"这一基本概念，阐述其影响经济增长的基本逻辑。具体将从以下几方面展开：第一，阐述语言的特质和度量方法，为后续研究进行准备；第二，以语言政策的视角观察现代世界语言的变化，初步描述语言政策与经济增长的关系；第三，从理论逻辑上阐释语言政策影响经济增长的三个途径。

3.1 语言与语言政策的内涵与度量

3.1.1 语言政策的内涵

对于语言政策的定义，不同的学者有不同的看法，Kaplan 和 Baldauf（1997）认为语言规划的实施促使政府（或某些权威机构及个人）制定语言政策，或者说，语言规划的实施受制于政府（或某些权威机构及个人）制定的语言政策。语言政策是一系列观念、法律、条例、规则和实践，其目的是按计划改变社会、团体或某些系统内使用的语言。Schiffman（1996）认为，语言政策从根本上来说是一种社会结构。它由各种具有显性特征的要素组成。首先，这些要素可以体现在司法行政领域的司法语言、审判语言、行政语言、宪法语言或者法律语言中。其次，不管一个政体是否拥有这些显性的文本，无论语言政策还是一种文化结构，其主要体现在如下一些概念要素中——信仰体系、语言态度、语言谬见——我们将这些统称为"语言文化"，具体地说，它包括各种思想、价值观、信仰、态度、偏见、宗教束缚以及语言使用者说话时所带来的其他各种"文化报"。Mc Carty（2011）认为语言政策是一种复杂的社会文化进程，以及是各种有关人类受权力影响而出现的互动、协商和生产模式。在这些进程中，"语言政策"体现在调控语言的各种权力中，即体现在用以界定语言形式和语言使用是否合法的各种规范要求中，语言政策以此方式对语言地位和语言使用进程进行管理。语言政策不是简单的"自上而下"或"自下而上"的行为，而是具有多层结构关系的活动。Tollefson（1991）认为语言规划和语言政策就是对语言的制度化，以便使之成为区分社会群体或阶层的基础。换言之，语言政策是一种机制，将语言在结构中定位，使语言可以决定谁能获得政治权力和经济资源，占统治地位的团体通过语言这种机制建立起语言使用的霸权。他认为语言政策通过某些方式创建了不平等的机制。Spolsky（2004）认为，语言政策既包括语言信仰和语言意识形态，也包括语言实践。

语言实践，即对语言库中各种语言变体所做的习惯性的选择模式。David（2016）认为语言政策是一种影响语言结构、功能、使用或习得的政策机制，它包括：①官方的规章条例——通常以书面形式颁布，旨在改变语言的形式、功能、用于或习得——从而影响经济、政治和教育机会。②非官方的、阴性的、事实上的、隐含的机制，与语言信仰和语言实践相关，具有调节社区、工作场所和学校内部语言使用和交流互动的力量。③包括政策制定在内的整个过程——是一个受多种语言政策主体驱动，贯穿政策主体驱动，贯穿政策创建、阐释、援用和实施等多个层面的过程。④各种语境和政策活动层面中的政策文本和话语，它们受该语境独有的意识形态和话语的影响。

基于上述对语言政策的认识，我们认为语言政策是人们有意识地在一组给定的人群中进行语言选择。在这个系统中，语言是构成经济交易与民族文化的符号系统。在经济全球化不断深化的时代，语言政策的变化正以积极或消极的方式影响一国经济发展与公共安全，从而影响了国与国的交易成本与文化变迁。党的十九大也强调，文化建设是灵魂，文化"软实力"建设也是当前衡量一个国家综合国力的重要尺度。纵观近现代历史，我国语言政策经历了从文言文到现代简体字、从"外语浪潮"重归"国学运动"的巨大转变，与此同时中国经济发展也发生了从高速增长转向高质量发展、从融入全球化到主导全球化的重大转变。在这种情形下，语言不再是传统意义上信息和文化的载体，而被看作是"无形的战略武器、巨大的资源宝库、新兴的科技引擎和治国的重要工具"（赵世举，2015），研究语言政策的演变影响经济发展的逻辑机理不仅有利于解决中国当前经济与文化发展过程中存在的矛盾与不平衡问题，也是广大发展中国家实现经济发展、语言振兴的重要依据所在。

3.1.2　语言政策的度量

政策变量的度量往往从政策的选择、语言政策实践过程与执行效果三个方面来度量。由于很多国家并没有显性的语言政策或者根本没有语言政策（斯波斯基，2011）①，那么通过语言的某些实践结果也可以去衡量这些语言政策。

---

① 斯波斯基. 语言政策——社会语言学中的重要论题［M］. 张治国，译. 北京：商务印书馆，2011.

因此，在对语言政策进行度量时，更多的是从语言时间结果，即语言的本质出发。

语言具有地理差异，不同的语言在听、说、读、写中拥有不同的表现形式，从而构成了庞大繁杂的语言文化库，每一种语言，如英语、汉语等，都可以二重地去观察，即从文化属性方面和工具属性方面去观察，语言的特质是这两种属性的统一。文化属性是语言所表征的本民族的文化特性，每一种语言都暗含了群体的偏好、风俗习惯等；而工具属性是语言所表征的民族之间的沟通难度，每一种语言都是许多特征的种种集合，而这些特性的发现是语言学家的工作，利用文化属性去衡量语言的尺度会过于复杂，例如农耕语言与海洋语言的差异①，集体文明与个体文明语言的差异②，等等。但凌驾于这些形式之上的，是各个国家和地区在社会活动中交流的难度，即语言的特质。

显然，纵使语言千变万化，分类众多，但是以学习难度为表现形式的语言政策总是可以进行比较的。以印欧语系和汉藏语系为例，印欧语音系统非常简单，它既没有复杂的辅音组合又没有复辅音；它的元音系统虽然单调，但能起到极有规则并具有深刻语法意义的交替作用（索绪尔，2014）。印欧语系中的语言有声调，原则上可以置于词中的任何音节，因此有助于语法的对立作用，而名词和动词的屈折变化很丰富。其中，起屈折变化的词本身就带有限定作用，在句子中是独立的，因此构造很自由，带有限定意义或关系意义的语法词（动词前缀、前置词，等等）很少。即便如此，作为屈折语中的英语已经把屈折变化缩减到几乎什么都没有，所以更加简单。相反，汉藏语系中的中文较之印欧语系复杂很多，最突出的表现是它没有动词的屈折变化，却多出了大量的

---

① 关于农耕文化与海洋文化，先前学者的研究已经非常丰富，他们认为像中国这类地处内陆的国家以农耕业为主要的生存方式，这就造就了它们对于耕作产品的热爱，表现在语言当中即对于农业语言的丰富定义，如对于五谷"稻、黍、稷、麦、菽"的分类，而在习语上也以农耕语言居多，如"揠苗助长"以及"五谷丰登"等，这体现了内陆国家对于耕作业的重视以及其独有的内陆文化。而以海洋业为代表的英国、西班牙等，由于其以牧业和渔业为主，因此积累了大量关于该种类的词语，例如英语和西班牙语种对于羊的分类非常细致，而对于谷物则较少；另外习语中也以海洋为主，如"asdumb/muteasafish"（默不作声），这些反映了农耕文化与海洋文化的语言差异。

② Morris 和 Peng（1994）认为大陆文化由于长期的农耕业形成了对于"天人合一"的更明确的认识以及群居的生活习惯，使大陆语言更偏向于整体性思维，如汉语中的"众人""群众"等；相反，以畜牧业和海洋业为主的国家由于较少受制于天气状况，对于"天人合一"的理解明显低于农耕文明，因此它们更倾向于个体思维方式，语言中多指代明确，如"a""the"等。

虚词作为辅助，语句的理解完全依靠上下文之间的含义，词语文法的构成规则并不明确，因而学习起来较为复杂，相似的有含闪语系中的日语，虽然比中文简单，却没有建立起抽象名词构成法，日语缺乏不定动词和关系代词，这限制了人们进行严密思考的逻辑，从而使日语无法像希腊语那样适用于哲学思考，也注定了日语无法成为科学的语言（中村元，1989）。因此，可以判断拥有固定语法规则的语言比缺乏语法规则的语言学习起来更容易。

语言的这种特质在经济交往中体现得尤为明显，国际贸易间的经济交往以语言为根基，它体现了一国的文化制度特征，形成经济交往中基础的信任关系与交易偏好，因而以语言的文化属性为区分，不同国家有着不同的交易偏好。相似的语言难度必然伴随着相似的文化，所以此时用"共同语言"这一变量衡量国家间的"精神距离"或"文化距离"是合适的。然而，随着日渐频繁的国际经济交往，突破语言障碍成为国际交流的必要之举，而获得较高的语言能力是有成本的，此时语言体现了无形的交易成本，因而以语言的工具属性为区分，不同国家之间的贸易成本具有差异性。总之，作为制度演化的一部分，语言政策影响着国际间的贸易与投资偏好；作为一种交易工具，语言政策则反映了交易成本的高低。

根据语言的内涵，一种语言之所以会有价值，完全是因为文化属性和工具属性当中有人类劳动物化其中。尽管语言有着如此千差万别的形式，但是总有一个能表现的特质，即语言的学习难度，这些千差万别的语言特征形成了语言的语法规则，从而在跨国经济贸易时人们需要进行学习以便沟通交流。不同的语言学习难度是不同的，拥有特殊语法规则的语言必定要比拥有一般语法规则的语言难学。因此，一种语言的价值，可以使用学习的劳动量来衡量，也即劳动者社会平均学习时间。然而语言的特征在于，由于学习者本身的特征，社会平均学习时间是有差异的，这种差异反映了两个问题：

第一，对于母语者本身而言，一些语言会比另一些语言难，这是语言本身文化属性带来的，这反映了语言的绝对难度。这种语言的绝对难度则是母语本身具有的难度，母语的语法规则、语法结构是衡量语言复杂程度的一个重要标准，正如 Crystal（1987）认为，在学习外语时，语法结构是非常重要的因素，它几乎是所有外语学习者学习的一个重要环节，因而母语者本身会对语言结构产生"相似偏好"，即同与其语法结构相似、语音相似的经济体进行社会交流活动①。

第二，对于非母语者而言，由于所处语系的不同，学习双语所需的成本并不等于学习任意语种成本的组合，在同一个语系，学习成本要比不在同一语系的难度要低，并且学习双语所需成本取决于该人的母语（Selten，1991），这反映了语言的相对难度。语言的相对难度主要反映了语言的工具属性，两种语言越是相似越有利于外语者学习，因而是相对简单的。这里我们比较学习时长575 小时的英语和学习时长 2200 小时的汉语，英语的语法规则是一种"普遍性"的规则，任何语言当中都存在这种语法，如动词的屈折变化，而汉语则是一种表意的语法规则，更加偏向于约定俗成的语法规则，从而使学习者在初期无规律可循。

如何度量语言政策间的差别，现有文献主要有以下几种做法：

第一，单一特征法。利用虚拟变量对语言的某种特征进行评估，常见的有"是否使用共同语言"（Eaton & Kortum，2002；Guiso et al.，2009）、"是否具有可省略第一人称特征"（Tabellini，2008）、"是否具有表示时间的语法结构"（Chen，2013）等。这些对语言的某一特征的测度可以很好地应用于实证分析，但由于上述单一特征往往忽视了语言特质的更多信息，从而可能造成对其他变量估计的偏差，引起研究结论出现不一致的现象。

第二，语言距离测算法。Hart Gonzalez 和 Lindemann（1993）以母语为英语的美国人为实验研究对象，对其习得语言的难易程度进行评分。Dyen 等（1992）、Asaf Zussmanb（2010）等比较了两种语言在 200 个基本词汇，如"母亲""父亲"等语音表达方面有多少重叠，从而标准化重叠得分，通过将其由 1000（最大评分）除以并使用归一化计算得分的倒数作为语言距离的量度，英语被设置为 0 分，但由于仅仅是测算与英语（属印欧语系）的距离，使得这项研究仅能在印欧语系中展开，从而降低了实证的可信度。苏剑和葛加国（2013）以山东大学外国留学生汉语水平测试成绩作为语言距离变量是国

---

① 洪堡特认为，语言的语法结构包括两类：词语结构与句法结构，在词语结构中用词语"变位"方式来清晰地表达词语主谓宾之间的含义，包括人称、数量、性别、语时、语性、情绪、语音的变化等。而句法结构则是词语构成句子的规范，不论任何语言，它们均有句法结构，然而词语结构是屈折语和黏着语特有的，正是因为有了词语结构，使人们在表达时对于语句的理解效率会高于没有词语结构的语句，因而学习效率较高。

内学者对于语言距离测度的一次突破尝试，但由于样本量仅限于非洲以及南亚国家，从而造成了估计量的有偏性。

第三，WALS 地图①。这是一个关于语言的语音、语法以及结构等特性的大型数据库，它通过语言的发音、节奏以及结构等特点编译语言的地理距离。但是 WALS 地图的重要问题在于，它只能够直观反映语言的某种特点（如音节结构、语音质量、指示代词对比、语言阴阳性等）的地图分布，而语言的这些特点常常被归为几大类，这样细化的语言分类难以作为应用计量上的数据处理，且只展示了语言的地理距离而非我们所需要的语言差异。

语言具有相对难度和绝对难度，相对难度反映了两种语言之间的差异程度，语言难度最直观的衡量是其官方公布的学时，一般来讲语言的学时越长，表明掌握该门语言的难度越大；反之，则越小，因此我们选取官方公布的留学语言学时（DIFF）作为语言难度变量，利用 Foreign Service Institute（FSI）②调研仿真建立的以英语为母语的学习外语的具体时间表，所以本书所讲的相对语言难度，是相对于英语而言。

语言的绝对难度则表现了所有语言的基本特质，是从语言学习的规律出发，语言的核心由词汇和语法构成，词汇量决定了语言的精确程度，比如 Chen（2013）认为不同语言关于颜色的词汇量不同，因而语言的准确性也就不同。由于语言难度与语法结构有关，我们选取各类动词变位的种类（DIFF1）作为语言难度的替代变量进行估计，一般来讲，动词变位越多的语言，其难度要更复杂。例如，由于阴阳变化，拉丁语系的法语难度要明显高于英语，本书中动词变位的种类由各类语言的词典解释部分给出，而由于汉语在语法中并没有相应的动词变位，其时态、语态的体现完全依靠助词，因此我们选取汉语助词的个数代表汉语动词变位的数量。考虑到这种估计的误差性，我们随后加入了语言的绝对难度等级（DIFF2）变量作为语言绝对难度的变量，把语言学对于语言种类的划分作为判断难易程度的标准，一般来说屈折语的难度最低，赋值

---

① 关于 The World Atlas of Language Structures（WALS），参见 WALS 在线版：http：//wals. info/。

② Foreign Service Institute（FSI）是美国联邦政府从事外交事务人员的主要培训机构，FSI 每年向来自国务院和其他 50 多个政府机构和兵役部门的 17 万名工作者提供包括 70 多种外语的语言培训课程，总部设在弗吉尼亚州阿灵顿的国家外交培训中心。关于 FSI 的详细信息参见 http：//www. effectivelanguagelearning. com/language-guide/language-difficulty。

为 1，其次为综合语 2、黏着语 3，难度最高的为分析语，赋值为 4。变量描述性统计如表 3-1 所示。

表 3-1　统计变量描述

变量	变量名称	均值	标准差	最小值	最大值	观测值
解释变量	语言学习时间（DIFF）	952.48	543.94	575	2200	3938
	动词变位种类（DIFF1）	49.97	30.76	16	108	3938
	语言难度等级（DIFF2）	1.83	1.13	1	4	3938

3.2　世界语言与经济增长的典型事实分析

3.2.1　世界语言的单一化趋势

世界语言的单一化的趋势是伴随着经济一体化而来的，在工业革命促使经济高速发展之前，没有任何一个地区的语言可以以这种速度消失，经济快速发展、新航线的开辟以及文化的开放、经济全球化的合作使得语言走向单一化趋势。作为文化的一种表现形式，语言也在缓慢地进化。从全世界来看，各洲的语言发展随着经济的发展有趋同的趋势。从 15 世纪开始，世界语言从 15000 种急速消亡至今天的 7000 多种。从先前研究来看，民族融合、民族迁徙、自然灾害、战争等因素引发语言主体消失是语言种类减少的重要原因，伴随着全球经济联系日渐紧密，由经济快速发展而导致相似语言快速传播致使语言种类减少并趋同的现象越发明显，甚至出现了"濒危语言"与"濒危物种"相似的地理趋势（Sutherland，2003；Mace & Pagel，2010）。如表 3-2 所示，经济体较为强盛的国家，如欧洲，语言种类明显低于其他地区，但使用人数较多；而经济体较为不发达的国家，如非洲，语言种类繁多，但使用人数较少。表明语言种类与经济发展有着某种内在联系，全世界语言种类有日渐减少的趋势。

表 3-2 世界区域现存语言状况 (2014 年)

区域	现存语言		使用人数			
	种类	百分比 (%)	总计 (人)	百分比 (%)	均值 (人)	中位数 (人)
非洲	2146	30.2	810209997	12.9	377544	27000
美洲	1060	14.9	51456819	0.8	48544	1150
亚洲	2303	32.4	3770496032	59.9	1637211	12000
欧洲	285	4	1656808477	26.3	5813363	50000
大洋洲	1312	18.5	6740866	0.1	5138	950
总计	7106	100	6295712191	100	885971	7000

3.2.2 世界语言的简单化趋势

世界语言不仅有种类日趋减少的趋势，更有简单化的趋势。一方面，使用人数超过 5000 万的语言中，几乎一半以上的语言都属于屈折语——在语言学中最容易掌握的语种。另一方面，作为母语使用人数最多的汉语和西班牙语，其使用范围明显小于英语。对于英语的霸权地位，大多学者认为这是霸权文化的一种表现，但事实上，英语可能是我们见到过的最简单的语言之一，英语的简单之处在于整个语言的一维性：相对于二维性的汉语来讲，英语在发音和含义上能够做到音义同行；而相对于日耳曼语系以及拉丁语系而言，英语的语法结构简单：在时态方面，相对于德语和法语将近 70 多种变位的比较下，只有不超过 20 种时态的英语显得尤为容易上手；在名词、形容词上，没有沿袭日耳曼或是拉丁语系对于词性阴阳的区分，使得英语语法结构大大地简化；英语的 80 万的词汇量高于其他语系（德语为 50 万左右，法语约为 10 万左右，汉字约为 6 万左右），在理解程度上来讲英语却不会比其他语系差，因而成为既容易上手，又不容易产生误解的语言，在使用的便利程度上来说，英语可能要高于其他语种。世界语言的发展具有简单化的趋势。

3.2.3 经济发展与语言发展的高度相关性

不论是世界语言消亡，还是世界语言的简单化趋势，都印证了在经济全球化发展的局面下经济发展与语言变化的高度相关性，使用较为简单的英语的国家，一般有着较高的人均产出。英属、美属殖民地的发展，要远比法属殖民地经济发展的程度高，排除殖民国家发展程度的干扰，可以认为语言的便利程度在统治及教化被殖民国家时是有着正向作用的，如新加坡、中国香港利用便利的语言宣传当地优良的制度及其他因素，使得被殖民地国家和地区得到了较快发展。日本与韩国的官方语言虽并非英语，但由于受到美国的政策扶植，日本在 20 世纪 70 年代开始设置大量的英语课程，国民之间英语的使用频率相当高；在日语外来词中，有 1/3 来自英语。图 3-1 则直观表明语言难度与人均GDP 呈现反比例的关系，语言学习时间的长短与该地区的经济发展有着负向关系。自然语言作为人类交流最基本的工具，在所处社会中起着不可或缺的作用，越发简单的语言结构与语法，越能带来经济的繁荣。

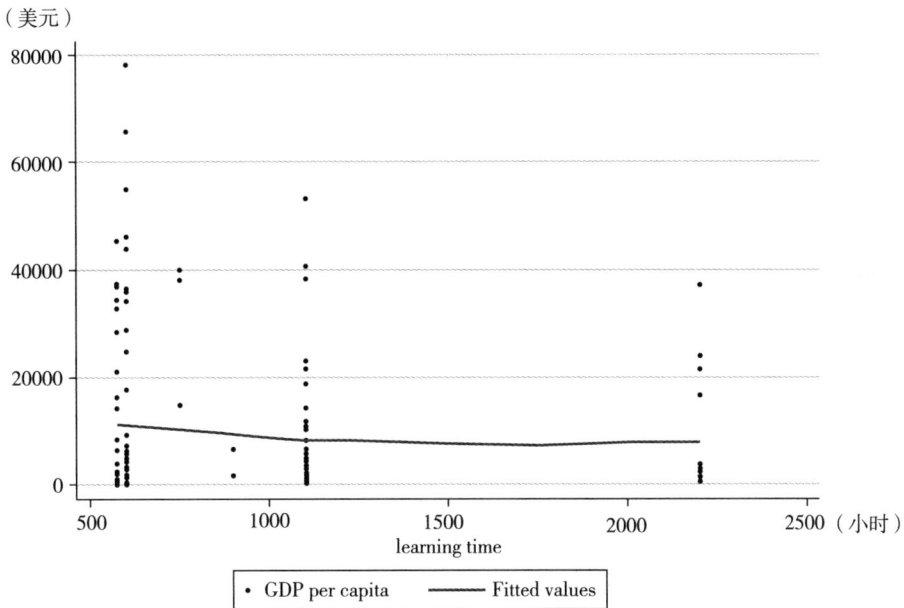

图 3-1 世界各国语言学习时间（learning time）与
人均 GDP（GDP per capita）的关系

3.3 语言政策影响经济增长的理论逻辑

制度对于经济绩效的影响在今天已经成为共识，那么，语言政策的变化与经济发展的差异是否有关，则需要我们进一步去分析。从上节典型事实中可以发现，经济发展与语言政策存在着某种特殊联系。在个人生活和社会生活中，言语活动比其他任何因素都要基础，它通过制定人们交流的规则减少人们交易活动中的不确定性。不同的语言传达着不同的文化信息，不同的语言在交流碰撞时也必然会受到语言及其蕴含的思维方式的制约，因而语言政策能够通过改变决策者的偏好与成本，从而对经济运行结果产生一定的影响：作为文化的语言，它的演变改变了人们使用语言的相对价格的感受，从而通过影响决策者的交易偏好对经济施加影响；作为交易工具的语言，它能够通过改变交易成本对贸易、投资与技术进步产生影响，因此，如图 3-2 所示，语言对经济发展的影响结果源于语言的本质特征，具体来说有以下三种机制。

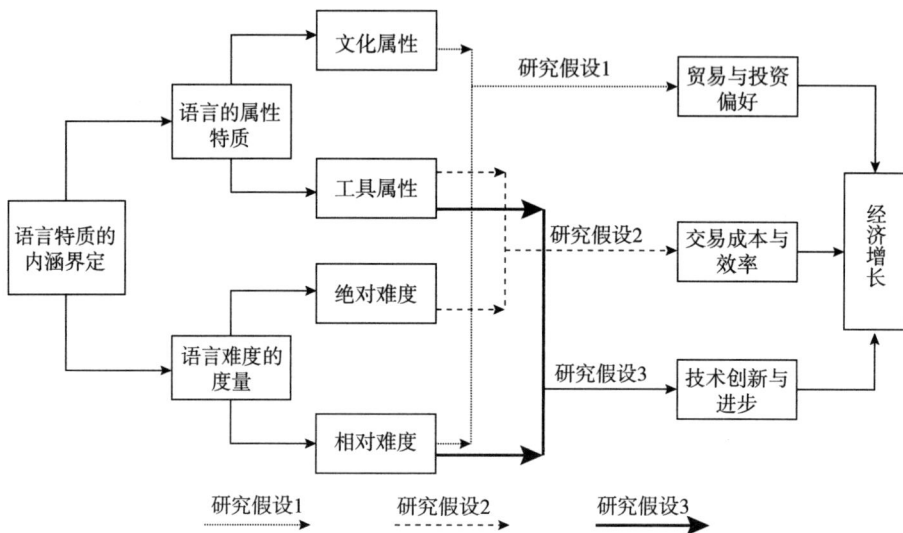

图 3-2　语言政策影响经济增长的机制

3.3.1　语言对经济增长的影响机制 1：基于交易偏好视角

语言作为一种文化价值观念，影响着个体行为的选择偏好与群体关系的协调，本书建立了语言政策→行为个体（社会组织）的交易偏好→经济增长之间的逻辑关系。

语言作为人类最重要的交际工具，是人类用来传递信息、交流思想的信息与符号系统，具备特定的文化属性，是区分不同人群、社会组织的重要标志（邓辉，2010）。一个民族的精神特征与语言形式之间存在密切的联系，语言是民族精神的外在表现，语言与民族精神的高度统一超过了人们的任何想象（洪堡特，1836）。

因此，作为一种文化制度，语言的难度反映了决策者的偏好。在语言偏好的约束下，语言政策是影响贸易契约形成的重要因素，它通过影响贸易与投资的溢出效应影响一国增长水平。语言作为一种文化价值观，决定了人们的思维形式与思维过程，它将文化价值观以语言的表达方式镌刻在人们的思想与情感之中，从而决定了人们进行经济行为时的主观模型。因此语言不仅能够影响个体行为者的时间偏好从而带来储蓄与消费的长期性变动，还能够影响人们积累财富的方向以及对生产函数中物质资本、人力资本与技术创新的看法，从而造就了国家间不同的经济增长模式。传统的宏观经济学模型在刻画家庭效用函数时，认为家庭行为偏好受一国历史文化因素的影响，从长期来看，它保持不变。然而，由于不同国家历史文化不同，对消费偏好的决策就会有所不同，对于时间的概念、储蓄与消费，不同文化有着不同的原则，例如以中文为代表的中国文化具有同中文一样的柔性与包容的传统精神，汉语没有现代意义上的显性的语法形式①（洪堡特，2001），词与词之间的衔接仅仅依靠虚词，甚至可以自由搭配，从而带来汉语变化多端的意义和复杂的学习过程，汉语学习者不仅需要大量的词语作为基础，而且需要丰富的中国生活经历才能够理解词与词之间的普通意义。汉语的这种灵活自由的特性，使得中国社会的非正式制度与

---

①　洪堡特在这里所指"显性的语法形式"指汉语没有像西方屈折语一样以明显的屈折规范变化的语法形式来表达词语之间的关系。

正式制度在规范化过程中困难重重，比如，以一个简单的句子作为范例：

　　"他喜欢一个人。"

　　在这里，对于这个句子的具体内容就可以有多种不同的解读，我们可以认为"他"喜欢上了某人，也可以单指"他"喜欢自己一个人的状态。在对于社会规范等内容进行解释时，由于汉语的灵活多变，可以有不同的解读，造成了理解上的困难。

　　与此相反，以屈折语系为代表的西方文化则具有强烈的规范与契约精神，由词源和句法双重规范构成的屈折语与黏着语具有较为完整的学习规范，相比较汉语而言，这类语言不需要太多的"体悟"就可以理解。以语言难度进行区分，由于人类总有趋易避难的属性，因此人们总倾向于学习简单语言。这种语言难度上的差异致使双方在身份认同与文化认同上具有强烈的差别，而心理学的文献从实验上证明，语言感知的相似性能够影响人与人之间的吸引力，人们总是趋于与相似的人进行交流活动，相比那些具有强烈反差的人，个体行为人更容易与相似身份的人进行互动，而之所以会出现这种现象，在于相似个体具有相通的文化属性与交流方式。而语言作为一种文化的象征符号，传承文化的精神，因而影响了个体的经济决策。经济主体的行为能够通过经济交往中的模仿与示范效应传播与扩散开来，从而影响与之交往的经济主体的行为，并形成自己独特的企业文化，这些企业文化成为企业竞争力的核心，并表现在语言当中，形成共同遵守的行为准则与价值观体系。因此，由于国际经济交往中企业文化的融合与趋同同样能够便于企业之间的交流合作，协调来自文化差异的企业之间的矛盾，降低隐性的摩擦费用，为区域实现规模经济以及范围经济打下坚实的制度基础，因而企业合作的演化同样要求语言差异化能够降到最低。

　　由于语言政策所体现的这种文化认同有所差别，因此在跨国公司的投资决策中，它们会更偏向于拥有相似文化底蕴的贸易伙伴或者倾向于低难度语言的国家，这种相似性体现为共同的文化理解和商业精神（包括法律与政治经济环境、商业水平和语言）促使双方获得足够的信任与交易信息。例如，2017年中国的十大双边贸易伙伴为日本、美国、欧盟、中国香港、东盟、中国台湾、韩国、俄罗斯、澳大利亚、加拿大。除却地理因素，可以看到语言在这些双边贸易国家中的重要作用，这些国家的官方语言要么为较低难度的英语，要么为与中文相似的语言，语言作为文化认同的要素体现得十分明显。

3.3.2　语言对经济增长的影响机制 2：基于交易成本视角

语言作为一种交流工具、一种思维表达方式，其难度的高低影响着个体行为的选择与群体关系的协调，本书建立了语言政策→行为个体（社会组织）交易成本→经济增长之间的逻辑关系。

根据 Ostrom（1990）对制度的定义，语言作为制度要素的组成部分之一，是一组运行规则，决定了市场主体的经济决策与行动范畴。显然，需要投入真实的资源去建立和运行语言制度安排，从而保证市场主体经济活动的正常运行，因此，相应语言制度安排必然需要涉及交易费用。通常交易费用包含两个层次：

一是由于语言制度安排引起的交易费用。由于语言的存在，不同的语言制度安排下交易费用一般是不尽相同的。两个典型的例子：一个例子是"二战"后印度与新加坡地区的"英语作为官方语言"改革，这些地区在原有母语的基础上加入了英语作为官方语，极大地降低了国际交流中的交易费用，从而有利于这些地区吸收外国资本、技术、文化等，实现经济的赶超发展。另一个例子是韩国废除汉字的制度。20 世纪 80 年代中期，韩国在报纸、杂志等公开媒体中开始降低汉字的使用频率，同时大量引入英语、日语等外来语，然而韩文（谚文）作为一种拼音文字，不像日文的平假名，不能用好几个符号去表示一个汉字，于是在表意汉字大量缺失的条件下，这种拼音文字理解起来非常费劲，例如：한读 han，没有音调，对应汉字"韩，汉，寒"等，这种类似的单词约有 60% 是汉字词，造成使用谚文将花费更高的理解成本，当去掉汉字标注时，谚文的每个符号就像英语的字母一样只能表音，却没有实际意义，严重地影响了汉字圈内韩国与他国的交流。

二是在国家（组织）确定了语言制度安排下市场内部的交易费用，即当语言制度安排确定下每笔交易的交易成本。根据威廉姆森对交易费用的定义，交易费用包括：

（1）从签订契约、规范双方权利与责任到解决契约中存在的问题一以贯之的翻译成本，尤其是在国际经济交往当中，语言翻译的重要作用不仅仅在于签订契约与维护契约，同时也会对双边贸易对象的管理层与普通员工造成较大的影响，此时双边国家都需要聘用大量的翻译工作者用来顺利完成交易与生产，甚至外国企业在进行 FDI 时还需要额外进行员工的语言培训，从而提高生产效率。这些翻译成本与语言培训往往与当地的翻译价格有关，然而翻译的价格在每个地区内部的差异较大，但其内在价值是学习外语所花费的社会承认的劳动时间，显然这个劳动时间仅与语言的特质——即语言的绝对难度与相对难度有关，因此以语言难度来考察整个地区的语言安排制度下的交易费用是合理的。对交易效率的追求，促使双方倾向于使用更简便易懂的语言，即使后来翻译出现，受翻译成本限制，双方也会选择更为便利的语言，即相对难度较小的语言，以降低贸易成本；同时语言像其他知识一样具有公共物品的属性，它能够以零成本进行外溢，一旦形成规模效应，这种语言的便利特质则更明确地体现了出来——不论在何种地方进行交易，只要双方都能使用较小成本的语言，那么这笔交易总能顺利地进行，在这种情形下，反而更加强了便利性特质语言的地位。

（2）拥有母语的个人如何选择其他种类外语从而在市场上减少搜寻与谈判的费用。对于个体来说，学习外语一方面是一种付出的成本（劳动者必须付出大量时间与经历去学习不同语言），另一方面在市场上可以作为一种信号用来被企业甄别，在企业与个人信息不对称的情况下，良好的外语能力可以作为一种高工作能力被显示出来，从而降低了劳动者和企业组织在市场上互相搜寻与谈判的费用，因此即便是不需要外语翻译的企业，仍然将掌握数门外语作为选择劳动者的标准之一[1]。例如，在现行韩文（谚文）制度的安排下，拥有母语的个人，尤其是法律专业的个人必须学习汉字才能完整无误地表达韩国法律的意义[2]，从而在甄别合格律师和工作者上，无形当中增加了市

---

[1] 在中国，大多数内资企业会在招聘启事上要求求职者对于外语能力的掌握能力（CET-4/CET-6），而外资企业则会在招聘启事上要求求职者对具体语言的掌握程度，如 TOFEL/ILEST/JLPT/专业等级英语（法语、德语、西语、日语等）。

[2] 韩国法律专业的人必须学习中文，法律文书一般汉谚混写以防止发生歧异。如宪法（1987.10.29）第 11 条：

a. 모든 國民은 법앞에평등하다. 누구든지性別·宗教또는社會의身分에의하여政治的·經濟的·社會的·文化的生活의모든領域에있어서차별을받지아니한다.

b. 社會의特殊階級의制度는인정되지아니하며, 어떠한形態로도이를創設할수없다.

c. 勳章等의榮典은이를받은者에게만效力이있고, 어떠한特權도이에따르지아니한다.

（中文译文：a. 所有国民在法律面前人人平等。所有国民均不因性别、宗教、社会地位而在政治、经济、社会、文化生活方面所有领域受到差别。b. 不予认可社会特殊阶级制度，并不得以任何形态创设。c. 勋章等荣誉称号仅对收到此称号的当事人有效，并无任何相应特权。）

场交易费用①。而在瑞士、加拿大等官方语为多语的国家，劳动者掌握双语或者三语将极大地提高其求职成功率。对于那些今后并不以语言为主要业务的求职者来说，选择相对难度较低的二外语言，即更加简单的语言，进行学习是其理性选择。

（3）在母语与非母语进行交流时，产生的文化理解偏误与道德风险。文化理解的差异主要来自语言，交流双方语言差距越大，越有可能造成误解，从而加剧信息不对称的程度，进而造成双方在缔结约定前发生的逆向选择与缔结约定后的道德风险。由于语言特质的存在以及机制 1 的推导，企业更趋向于与那些语言政策差异较小的企业进行交易，即便它们产品质量可能并不是最好的，与传统逆向选择造成的市场失灵不同的是，在这种情况下，卖方很有可能对本国的语言制度进行重新安排，从而避免了可能的逆向选择问题，于是我们可以看到在"二战"之后整个亚洲陷入了疯狂的外语学习与"全盘西化"的文化改造倾向中，以期待在进行国际经济交流时避免较大的语言成本。

此外，即便是签订契约后，具有优势信息的一方仍有可能利用信息出现机会主义行为或道德风险。面对纷繁复杂的世界一体化进程，国家出于对本国利益的保护，会有意识地利用文化信息或隐藏某些文化信息来与他国进行经济交往，从而造成了道德风险。一方面，在由信息较为完备的发达国家主导的GATT、WTO 等贸易协议中，他们利用信息弱势国家对于环境与技术、文化等相关信息的缺失，制定了含义模糊的条款通过非关税壁垒实现贸易保护，而这些技术壁垒、绿色贸易壁垒师出有名、形式合法而又隐蔽，使信息弱势国家在贸易活动中举步维艰。另一方面，由于道德风险存在的可能，面对高概率的机会主义行为，语言差异较大的国家之间会投入大量资源用来收集相关信息确保自身利益不受损害，造成经济主体的效率损失。

因此，我们做出以下基本假设：①语言学习上的个人主义。在这里我们强

---

① 1989 年韩国开始在全国范围内推行"汉字考级考试"，并在 2000 年对汉字考级考试证书的资质予以了国家认证，并以升学加分形式鼓励汉字的学习。参与汉语等级考试的人数每年递增万人。在社会实践方面，韩国五大经济团体下的 19 万家公司规定以汉字资格检定考试来甄别员工，一般要求识别汉字数量为 1800 个左右。在废除汉字"韩文专用"的情况下，这些企业和教育机构依然没有放弃对于汉字的学习并将其视为重要地位，从而造成了韩国一方面限制汉字使用带来了较高的误解成本，另一方面自下而上地加强汉字学习导致了汉语学习成本的增加，从而在一定程度上阻碍了中韩经济文化交流。

调，假设每个人都要学习语言——母语和外语，那么母语即具有语言政策的绝对难度，而学习外语就有相对难度，每个人学习语言都有不同的目的与想法，而这些个体行为将决定集体或组织使用哪种语言的概率。②语言学习的利益最大化要求。个体学习语言能够观察到他们在既定语言制度约束条件下追逐自己的自身利益，实现效用的最大化。③语言差异越大，信息不对称的可能性越大。因此我们推论，虽然如技术、要素禀赋、贸易比较优势等决定了一国的贸易水平，但东道国的历史、语言、宗教和政治制度，民族组成甚至是气候情况都可能影响交易费用，造成国际贸易无法顺利进行，一般来讲，将其他文化现象视为常量，那么语言的成本则显现无疑，跨国贸易的谈判、合同的签订都与语言成本有着巨大的关系，每个东道国都更偏向于语言学习成本更小的经济交往，从而造成经济一体化情况下的语言趋同现象。

3.3.3 语言对经济增长的影响机制3：基于技术进步视角

语言反映了人们之间的思维交流，其难度的高低影响着个体行为的选择与群体关系的协调，它通过人力资本的吸收能力影响国家间的技术进步，并最终影响一国经济增长水平，从而建立了语言政策→行为个体（社会组织）吸收能力→技术进步与经济增长之间的逻辑关系。

语言的本质是人类进行交流的文字符号，语言是以特定民族形式来表达思想的交际工具，因此语言形式差异必然引起各民族的思维方式不同（申小龙，1999）。同时，语言形式的不同也会在一定程度上影响技术传播的获取，而语言特质恰巧能够表达语言形式的差异。语言特质是区分另一种语言的本质特征，在交流获取信息为主的技术获取中，语言政策表现为语言学习难度上的差异，有些语种从最初就表现出简单易学的特质，如印欧语系中的英语，它有着欧洲文化一致性的文法规则，名词动词具有规律性的屈折变化，它的表音和表意同形以及包容性的外来词构词使得英语成为整个语系中较为简单的一种，而同为印欧语系中的德语，却拥有更加复杂的屈折变化和严格的构词形式，学习难度要高一些；相比印欧语系，汉藏语系中的汉语既不音意同形、文法也如中国文化一样富有弹性，汉语语法常无规则可循，使得汉语几乎成为全世界最难学的语种之一，在这种情况下，由于这种语言特质的出现，技术扩散的成本在无形中被加大了。

在获取知识方面，语言作为载体，应该承载着全人类自然科学与社会科学的财富。但事实上，由于叙述性的语言作为理解科学的载体，总带着语言独特的文化从而引起学习者的理解偏误，致使技术扩散并不尽如人意。因而，所有科学数学化是科学交流的必由之路，即便是这样，不同的语言承担着不同的文化同样造就了迥异的知识结构。因此科学知识的扩散要求一种简明统一的自然语言。此外，科学技术使用的终端在于人，人与人之间的交流成为技术扩散的一大障碍，当技术知识体现在需要在职工人与管理人员进行交流时，技术知识的排他性和扩散主要依靠高知识人员所作出的决策来解决。群体内的文化、语言或者社会认知能够帮助企业形成合法化的行为并加速技术扩散。共同语言不但能够降低企业之间的信息交流成本，而且有助于强化企业之间的文化共识。由于这种文化共识的相似性使得企业双方互相理解，进而了解创新的特征并使用该项技术，同时也能够降低跨国交流成本进而便于了解该项技术的好处。如若两国有着相似的制度如共同的文化、语言等，则能够降低由于创新带来的信息交流成本，从而加速技术溢出的过程。

语言的使用终端是人，因此语言政策必须依靠人力资本才能发挥作用。技术进步不但取决于地理、贸易等外部因素，而且取决于技术人员吸收能力的大小，在人力资本水平一定的情况下，相近的语言能够降低技术人员的培训和翻译等相关费用，因此，较简单的一个推断是，使用简单语言更能够加速技术进步。例如，硅谷的中国技术人员在采用来自中国、中国台湾、中国香港和新家坡的专利技术中表现了不同的吸收程度；反之，如果离创新国家的文化距离较远，信息成本则会迅速增加，企业组织不得不花费大量的资源在语言翻译与技术信息理解上，导致技术扩散速度降低。因此，语言政策集中体现在语言的学习难度之中，不同的语言之间学习成本的差异造成了经济主体人力资本对先进技术的吸收能力的差异，从而影响了一国的经济增长效率。国家间的技术差距不仅取决于一国人力资本水平，而且依赖于以语言难度为表现的语言学习成本的大小，本国与追赶国的语言相对学习难度越低，越有利于本国进行知识积累与技术进步，从而带来经济增长与效率的提高。

3.4　本章小结

　　本章通过定义"语言特质"这一基本概念，阐述其影响经济增长的基本逻辑。语言具有地理差异，但每一种都可以二重地去观察，即从文化属性方面和工具属性方面来观察，语言的特质是这两种属性的统一。一种语言的价值，可以使用学习的劳动量来衡量，也即劳动者社会平均学习时间。然而语言的特质在于，由于学习者本身的特征，社会平均学习时间是有差异的。因此，语言特质表现在语言的绝对难度和相对难度上，量化性的语言政策主要采用语言的学习时间进行度量。不同的语言传达着不同的文化信息，不同的语言在交流碰撞时也必然会受到语言及其蕴含的思维方式的制约，因而语言政策能够通过改变决策者的偏好与成本，从而对经济运行结果产生一定的影响，具体来说有三种机制：作为文化的语言，它的演变改变了人们使用语言的相对价格的感受，从而通过影响决策者的交易偏好对经济施加影响，语言作为一种文化价值观念，影响着个体行为的选择偏好与群体关系的协调，从而建立了语言政策→行为个体（社会组织）的交易偏好→经济增长之间的逻辑关系；作为交易工具的语言，其难度的高低影响着个体行为的选择与群体关系的协调，它能够通过改变交易成本对贸易、投资与技术进步产生影响，从而建立了语言政策→行为个体（社会组织）交易成本→经济增长和语言政策→行为个体（社会组织）吸收能力→技术进步与经济增长之间的两种逻辑关系。

第4章 交易偏好视角下语言政策影响经济增长的机制研究

在第3章中，我们构建了语言影响经济增长的理论框架，提出了语言影响经济增长的三个机制。从本章起，本书将基于跨国面板数据对这三种机制进行进一步的分析与实证检验，从而得到更可靠的结论。在这一章中，我们主要基于交易偏好的视角进一步研究并检验语言影响经济增长的第一个机制，探究了作为文化价值观念的语言政策如何影响贸易与投资偏好进而作用于经济增长的机理。

语言影响经济增长的机理目前主要的观点有三类：第一，语言作为一种"竞争能力"成为人力资本不可或缺的一部分，从而提高劳动者的个人收入。张卫国（2011）认为，双语竞争力是语言发挥其人力资本作用的一种表现形式，在语言多样性较多的地区，语言学习能够给个人带来更高的薪水和额外的津贴，也能使产品更容易进入国外市场，使国家更容易在国际经济交流中取得主动权。Gould 和 Welch（1983）、Grenier（1984）、Kossoudji（1988）、Tainer（1988）、Chiswick 等（1991，1993）、Lazear（1995）等学者较早尝试使用调研数据研究在移民国家中蕴含双语能力的人力资本是否对其个人收入产生确定性的影响，在固定了其他能够影响个人收入水平的因素后，他们发现，双语劳动者能够依靠这种技能显著提高自己的收入。在中国，外语能力是否能够明显提高人力资本含量由刘泉（2014）给出估计，他利用中国综合社会调查报告（CGSS2006）的数据，使用明瑟方程估计了中国部分城市中外语能力对劳动者收入的回报率约为70%。第二，由于语言与个人收入确定性的正向影响以及世界经济文化交流的频繁，语言作为一种产业形成了经济增长的一部分动力。Grin（2003）估计，加拿大的语言产业为该国 GDP 增长每年至少贡献 27 亿美元，而在中国，语言教育机构、翻译机构以及相关咨询机构等对中国经济增长的拉动也起到了重要作用。苏剑（2014）通过测算我国语言产业对经济增长的贡献率发现，语言培训市场每增加1%，GDP将增长0.09%。第三，作为制度分析范式下的语言对经济增长的影响。Tabellini（2008）利用语言中是否选取第一人称代词（Pronoun Drop）作为尊重法律和个人意愿的表现形式，作为工具变量检验了信任和文化的关系。他相信，在语句中使用第一人称代词的语言，其制度更具有强调自我主义的价值观，体现了市场经济的契约精神。Guiso等（2009）在解释文化与经济增长中，也使用了语言这一指标量化了其与信任的关系，延伸了语言对经济发展的逻辑，而且发现了共同语言与贸易成本的负向影响。童珊（2011）根据亚非拉国家的主体语言与一国经济发展水平做出了统计性的对比分析，她虽然坚持主体民族语言能够促进本国经济发展和文化认同，但也无法否定西方殖民语言对于促进经贸交流的重要意义。Chen（2013）从理论和实证上检验了一国语言对于该国总储蓄率的影响，讨论了语言对于家庭行为偏好的影响，他认为语言的某种属性体现了人们对时间的偏好，从而形成了不同的经济决策。Kua和Zussmanb（2010）以语言距离作为工具变量，估计欧洲各国英语能力水平与国际贸易水平的关系，他们的研究比较了两种语言在200个基本词汇，如"母亲""父亲"等自己的语音表达方面有多少重叠，从而标准化重叠得分，研究发现，英语能力与国际贸易水平具有很强的正相关性。

从先前研究我们可以发现，语言内生于经济发展之中，但并未有学者考虑语言内含的特质对影响经济增长的机制，更没有经验证据加以佐证。语言政策如何通过自身结果去影响经济增长？各国之间的交易偏好是否受语言难易程度的影响？现有文献并没有作出回答。即使Guiso等（2009）实证检验了语言与贸易成本的负向影响，但也未说明这种影响发生的机理。而Kua和Zussmanb（2010）虽然探讨了语言对于贸易水平的影响，但由于仅仅是测算与英语的距离，使得这项研究仅能在印欧语系中展开，从而降低了实证的可信度。因此本章旨在通过构建语言对经济发展的影响机制，解释语言对于交易偏好的影响，进而探究实现提高经济效益的长期途径。基于此，本章从以下几方面进行分析：第一，构建语言影响经济增长的理论框架，在理论上探索语言对交易偏好的影响，进而作用于经济增长的路径；第二，建立一个用于实证检验的计量模型，并利用语言政策的结果变量代替以往语言距离的研究变量，使得语言研究能够在世界范围内展开而非局限于某种语系之中；第三，使用世界 179 个国家和地区的数据实证检验了语言对于经济增长率的影响，并在此基础之上探讨了亚洲国家双边语言以及多元语言文化的政策意义。

4.1　语言、交易偏好与经济增长：理论假说

传统的宏观经济学模型在刻画家庭效用函数时，认为家庭行为偏好受一国历史文化因素的影响，从长期来看，它保持不变。然而，由于不同国家历史文化的不同，对消费偏好的决策就会有所不同，对于时间的概念、储蓄与消费，不同文化有着不同的原则：传统儒家文化"重积累，轻消费""重人力资本积累"（贾俊雪等，2011），而西方国家则注重"享乐主义"，他们对时间的偏好形成了不同的消费决策。语言作为一种文化的象征符号，传承文化的精神，因而影响个体的经济决策。Chen（2013）从理论和实证上检验了一国语言对于该国总储蓄率的影响，他认为，由于不同的语言在语法结构上对时间强调的不同，因此人们对于时间偏好会有所不同，从而影响该国的总体储蓄率。英语、西班牙语更善于强调时间，而汉语则强调动作，因此英语等欧洲语言拥有较强的未来偏好性，因而储蓄率较低，语言体现了不同国家的文化偏好。

由于语言所体现的这种文化认同有所差别，因此在跨国公司的投资决策中，他们会更偏向于拥有相似文化底蕴的贸易伙伴，这种相似性体现在共同的文化理解和商业精神（包括法律与政治经济环境、商业水平和语言）促使双方获得足够的信任与交易信息，因而 Beckerman（1956）将由此带来的贸易距离视为"心理距离"（spiritdistance），并解释了澳大利亚为何更偏向于与加拿大，而非地理距离更近的印度尼西亚做贸易的现象。为了证明这种贸易距离与贸易偏好的理论关系，Spierdijk 和 Vellekoop（2006）以地理投票模型为基础，证明了文化、语言、种族等都影响着欧洲公民的投票行为与国家偏好。Taavo（2008）、Felbermayr 和 Toubal（2010）分析了欧洲国家之间的双边贸易和偏好，并基于欧洲歌唱大赛（Eurovision Song Contest，ESC）的地理投票模型解

释了共同语言不但能够降低"交流成本",更重要的是影响了公民对于国家间的文化偏好。正是出于对相似语言的这种文化偏好,决定了经济交往的成功与否。在此基础上,Kokka 等(2014)实证检验了欧洲出口贸易、文化距离和国家偏好之间的关系,具有共同语言的国家拥有典型的聚集效应。Barner 和 Björkman(2007)利用社会信任在跨国公司的作用进行理论研究,解释了相似的语言有利于跨国公司管理人员获得人缘,国际直接投资也就越多,并且语言的流畅性和使用社会化机制有两个共同的身份建设机制,可以充当跨单位信托和共同愿景的重要驱动力。许和连和吴钢(2013)认为境外投资机构与中国人文及地理差距对我国 FDI 引入有较强的负向影响,而且同期相比地理差距的负向影响小于人文差异对 FDI 的制约,研究结论进一步显示语言和价值观的趋同对于我国 FDI 增长具有重要促进作用。易江玲和陈传明(2014)在"心理距离"的研究基础上,从缘分视角出发研究了中国国际直接投资中心理距离的重要作用,语言作为"人缘"的一个维度,对于东道国的外国直接投资有着较强的影响,在考察了中国和 84 个贸易伙伴的国际直接投资后,他们认为国际贸易当中的中国更倾向于投资共同语言的国家。

因此,从以上分析来看,语言与投资偏好应当呈反向相关关系。正是在文化驱动下的语言偏好,决定了相似条件下东道国更偏向于投资语言特质相似的国家,从而以国际贸易与 FDI 的溢出效应带动一国经济发展。

假说 4-1:作为一种文化制度,语言政策反映了决策者的偏好。在语言偏好的约束下,语言政策选择的实践结果是影响贸易契约形成的重要因素,它通过影响贸易与投资的溢出效应影响一国经济增长。

4.2　计量模型设定与变量说明

4.2.1　计量模型设定

由于文化因素对于经济增长影响具有内生性,而且不同国家之间经济增长的因素差别很大，并且由于可能存在遗漏变量，而当遗漏变量和模型的解释变量相关的时候，也会引起内生性问题，因此，在回归的过程中，本章采用了广义矩方法（GMM）进行实证检验。我们认为，语言通过影响国际贸易与投资的增长对经济增长率施加影响。根据本章对于语言对经济增长发生路径的分析，拟采用如下计量模型进行数据检验：

$$Growth_{it} = \alpha_i + \beta_t + \gamma_1 D_{it} \times Trade_{it} + \gamma_2 D_{it} \times FDI_{it} + \mu Z_{it} + \xi_{it} \qquad (4-1)$$

式（4-1）中，Growth 为一国经济增长率；α_i 为固定效应，是国家和地区由于地理位置、环境因素等固定效应对经济增长产生的影响；β_t 为时间效应；D 为一国语言难度变量；Trade 为该国贸易额占 GDP 的比例，由于语言与贸易成本的正向关系，我们利用 $D_{it} \times Trade_{it}$ 来观察语言通过贸易偏好对经济增长的影响，利用 $D_{it} \times FDI_{it}$ 来观察语言通过投资偏好对经济增长的影响；Z_{it} 为一系列控制变量。

4.2.2　变量说明与数据来源

4.2.2.1　被解释变量（GDP growth）

早期关于语言的实证论文向我们展示了不同的语言族与收入的确定关系，或者是将语言内涵拓展至信任水平从而刻画语言对经济产出的影响。本章将直接用语言难度水平与贸易额及 FDI 的交互项刻画其对经济增长影响的路径，并给出机理解释。具体选取各国 GDP 增长率刻画经济增长结果的变量。

4.2.2.2　解释变量

本章主要通过反映语言政策结果的变量对经济增长的影响，刻画语言政策对于经济增长的影响，因而核心解释变量主要有：贸易偏好、FDI 以及语言政策变量。其中贸易偏好使用贸易额变量，一国进出口贸易总额占 GDP 的比重作为衡量一国贸易额大小的变量；采用外商投资占 GDP 比重作为衡量一国 FDI 大小的变量。语言政策变量则使用在第 3 章进行论述与测度的语言的难度变量。

根据在第 3 章中的定义，语言具有相对难度和绝对难度，相对难度反映了两种语言之间的差异程度，语言难度最直观的衡量是其官方公布的学时，一般来讲语言的学时越长，表明掌握该门语言的难度越大，反之则越小，因此我们选取官方公布的留学语言学时（DIFF）作为语言难度变量，利用 Foreign Service Institute（FSI）调研仿真建立的以英语为母语的国家和地区学习外语的具体时间表，所以本章所讲的相对语言难度是相对于英语而言的。语言的绝对难度表现了所有语言政策的基本结果，从语言学习规律出发，语言的核心由词汇和语法构成，词汇量决定了语言的精确程度，比如 Chen（2013）认为不同语言关于颜色的词汇量不同，因而语言的准确性也就不同。由于语言难度与语法结构有关，我们选取各类动词变位的种类（DIFF1）作为语言难度的替代变量进行估计，一般来讲，动词变位越多的语言，其难度要更复杂。例如，由于阴阳变化，拉丁语系中的法语难度要明显高于英语，本章中动词变位的种类由各类语言的词典解释部分给出，而由于汉语在语法中并没有相应的动词变位，其时态语态的体现完全依靠助词，因此我们选取汉语助词的个数代表汉语动词变位的数量。考虑到这种估计的误差性，我们随后加入了语言的绝对难度等级（DIFF2）变量作为语言绝对难度的变量，由语言学对于语言种类的划分作为判断难易程度的标准，一般来说屈折语的难度最低赋值为1，其次为综合语2、黏着语3，难度最高的为分析语，赋值为4。

4.2.2.3 控制变量

我们将设置一组控制变量用以保证计量结果的稳健性，包括：①实际通货膨胀率（inflation），利用各国（地区）实际通货膨胀水平控制经济产出结果；②商业环境等级（buss），利用世界银行对各国（地区）商业环境评估等级刻画各国商业环境排序，其中1为最适合进行商业交易的地区，189为最低；③劳动力变量，利用劳动参与率、劳动力素质与成人识字率刻画劳动力对经济产出的影响；④资本投入比重（K），用物质资本投资占 GDP 的比重表示；⑤贸易水平变量：利用实际汇率指数（exchange）、关税（tariff）刻画对国际贸易的影响；⑥城市化率水平。

自"二战"结束后，世界经济开始全面复苏，但是全球化趋势真正开始是从美苏争霸后苏联解体，进入20世纪末，苏联的解体使全球开始削弱意识形态的影响，真正融入到国际经济交流之中，国际经济交往才频繁活跃起来。因此本章利用全世界179个国家和地区1991~2018年的面板数据进行实证检验，数据来自世界银行 WDI 数据库、亚洲开发银行 ADB 数据库以及中国统计年鉴，部分缺失数据采用插值法填补。表4-1给出了主要经济变量的描述性统计结果。

表 4-1　统计变量描述

变量	变量名称	均值	标准差	最小值	最大值	观测值
被解释变量	GDP 增长率	3.65	6.24	−50.25	106.28	5012
解释变量	语言学习时间（DIFF）	952.48	543.94	575	2200	5012
	动词变位种类（DIFF1）	49.97	30.76	16	108	5012
	语言难度等级（DIFF2）	1.83	1.13	1	4	5012
	FDI	4.26	7.44	−82.89	145.2	5012
	Trade	94.98	458.42	10.95	26454.24	5012
控制变量	通货膨胀率（inflation）	37.12	583.84	−16.12	24411.03	5012
	劳动参与率（Participation）	58.04	11.62	28.9	88.1	5012
	物质资本投入比重（K）	23	9	−2.42	113.58	5012
	人均产出（GDP per capita）	9149.67	13633.85	50.04	87716.73	5012
	成人识字率（literacy）	78.77	21.37	9.39	99.83	5012
	实际汇率指数（exchange）	8.35	18.22	−97.45	374.31	5012
	商业环境指数（buss）	92.43	54.09	1	189	5012
	关税（tariff）	9.17	8.82	0	254.58	5012
	城市化率（urban）	53.69	23.65	5.99	100	5012

由表 4-1 可知，样本期内 GDP 增长率平均为 3.65%，其中最小值为 1994 年卢旺达的−50.25%，最大值为 1997 年利比里亚的 106.28%；语言学习时间平均值为 952 小时，其中最小值为印欧语系（英语、法语等 575 小时），最大值为阿拉伯语、汉语（2200 小时）；在表示语言绝对难度的变量中，动词变位平均值为 49 种，其中最小值为英语（16 种），最大值为汉语（108 种）；语言难度等级中最简单的为英语代表的屈折语（1 级），最难的为以汉语为代表的综合语（4 级）。

4.3 实证检验

4.3.1 语言对经济增长效应的实证结果分析

在具体估算模型时，由于语言、物质资本与经济增长都可能存在着互相影响而导致出现内生性问题，因而采用广义矩估计法。模型（1）估计了贸易额（取对数）对经济增长率的影响；由于语言主要依附于掌握该语言的人数发挥作用，因此模型（2）将利用语言学习时间长度刻画语言特质，用语言相对难度的倒数、人口总量与贸易额的交互项作为前定变量刻画语言通过影响贸易偏好来影响增长率的作用机制；考虑到学习时长对于反映学习难度的偏颇性，模型（3）利用语言动词变位数量刻画语言难度特质，用语言绝对难度、人口总量与贸易额的交互项刻画语言通过影响贸易偏好来影响增长率；模型（4）估计了国内 FDI 总量（取对数）对经济增长率的影响；模型（5）利用语言学习时间长度的倒数、人口总量与 FDI 的交互项刻画语言难度通过投资偏好影响经济增长率；模型（6）利用语言动词变位数量（DIFF1）的倒数、人口总量与 FDI 交互项刻画语言难度通过投资偏好影响经济增长率；模型（7）估计了语言相对难度通过贸易与 FDI 对经济增长率影响的综合效应；模型（8）估计了语言绝对难度通过贸易与 FDI 对经济增长率影响的综合效应。

表 4-2 中 AR（1）和 AR（2）检验表明，各模型残差序列均存在显著的 1 阶自相关，但不存在 2 阶自相关，意味着各模型设定是可取的，由 Sargan 检验可知各模型的工具变量设定是有效的。由模型（1）的估计可以知道，贸易对经济增长率的影响为正，在加入语言难度倒数与贸易额的交互项后，模型（2）的系数依然为正，表明语言难度能够强化贸易交流与对于经济增长的正向作用，而交互项的系数较未加入交互项之前的系数大，侧面证明了在其他条件相同的情况下一国语言相对难度越低，则越有利于促进一国贸易交易，从而提高经济增长效率。模型（3）利用了动词变位难度反映绝对语言难度，同样

表 4-2　语言政策对经济增长效应的 GMM 估算结果

变量	GDP growth (1)	GDP growth (2)	GDP growth (3)	GDP growth (4)	GDP growth (5)	GDP growth (6)	GDP growth (7)	GDP growth (8)
L1.	0.3230*** (0.0012)	0.3236*** (0.0013)	0.3221*** (0.0018)	0.3097*** (0.0033)	0.2911*** (0.0035)	0.2925*** (0.0034)	0.2875*** (0.0035)	0.2788*** (0.0050)
lnTrade	0.0001*** (0.0000)							
DIFF×Population×Trade		0.0037*** (0.0009)					0.0059** (0.0027)	
DIFF1×Population×Trade			0.0061*** (0.0007)					0.0063*** (0.0029)
lnFDI				0.0131*** (0.0016)				
DIFF×Population×FDI					0.1832*** (0.0110)		0.0594*** (0.0088)	
DIFF1×Population×FDI						0.0582*** (0.0071)		0.1582*** (0.0176)

续表

变量		GDP growth (1)	GDP growth (2)	GDP growth (3)	GDP growth (4)	GDP growth (5)	GDP growth (6)	GDP growth (7)	GDP growth (8)
Participation		-0.0017 (0.0036)	0.0001 (0.0037)	0.0003 (0.0059)	0.0519*** (0.0038)	0.0383*** (0.0059)	0.0336*** (0.0067)	0.0164*** (0.0057)	0.0200*** (0.0058)
Urban		-0.0051 (0.0041)	-0.0384*** (0.0031)	-0.0297*** (0.0038)	-0.0357*** (0.0054)	-0.0507*** (0.0111)	-0.03314** (0.0180)	-0.0407 (0.0384)	-0.0425** (0.0162)
Tariff		-0.0021*** (0.0009)	-0.0152*** (0.0036)	-0.0175*** (0.0039)	-0.0010 (0.0014)	-0.0120** (0.0058)	-0.0209*** (0.0062)	-0.0256*** (0.0062)	-0.0207*** (0.0060)
K		0.1971*** (0.0001)	0.2148*** (0.0035)	0.2131*** (0.0062)	0.2219*** (0.0059)	0.1626*** (0.0075)	0.1626*** (0.0075)	0.1626*** (0.0075)	0.1723*** (0.0071)
Interestrate		0.0547*** (0.0001)	0.0413*** (0.0021)	0.0384*** (0.0016)	0.0529*** (0.0021)	0.0589*** (0.0021)	0.0576*** (0.0025)	0.0409*** (0.0024)	0.0386*** (0.0020)
Exchange		-0.0003 (0.0005)	-0.0057*** (0.0005)	-0.0045*** (0.0003)	-0.0031*** (0.0004)	-0.0058*** (0.0006)	-0.0059*** (0.0006)	-0.0099*** (0.0013)	-0.0097*** (0.0011)
Inflation		-0.0001*** (0.0000)	0.0001*** (0.0000)	0.0001*** (0.0000)	0.0001*** (0.0000)	-0.0001 (0.0001)	-0.0001 (0.0001)	-0.0001 (0.0001)	-0.0000 (0.0001)

续表

变量		GDP growth (1)	GDP growth (2)	GDP growth (3)	GDP growth (4)	GDP growth (5)	GDP growth (6)	GDP growth (7)	GDP growth (8)
Buss		0.0073*** (0.0009)	0.0055*** (0.0016)	0.0049*** (0.0016)	0.0046** (0.0021)	−0.0156*** (0.0042)	0.0223 (0.0280)	0.0049 (0.0082)	0.0090 (0.0096)
Literacy		0.0210*** (0.0007)	0.0100*** (0.0033)	0.0054*** (0.0026)	0.0065** (0.0031)	0.381*** (0.0058)	0.2839*** (0.0097)	0.0263* (0.0.54)	0.0502*** (0.0086)
Cons		−0.9296*** (0.3231)	3.9168*** (0.4711)	2.0641*** (0.3525)	2.2774*** (0.6653)	1.1406 (0.9730)	−1.4263*** (2.8201)	4.6298*** (1.3659)	2.3809*** (0.7584)
Sargan		150.3364	152.2161	147.0899	146.1799	145.5532	148.1053	145.5570	146.5801
A−B检验	AR (1)	−4.0290***	−3.9960***	−3.9827***	−3.9935***	−3.7193***	−3.7193***	−3.6864***	−3.6656***
	AR (2)	1.3822	1.4350	1.4384	1.3653	1.221	1.221	1.2938	1.2304

注：*、**和***分别表示在 10%、5%和 1%显著性水平上显著，括号内为标准误。

给出了与模型（1）相似的结论，表明在经济交往中，较便利的语言能够带来交易成本的降低，从而促进经济增长。

模型（4）估计了 FDI 对于经济增长率的正向影响，在加入了语言相对难度的倒数与 FDI 的交互项后，模型（5）的这一系数结果显著为正，但较未加入交互项时的系数要小，表明语言难度弱化了 FDI 对于本国经济增长的作用，只有语言相对难度降低，才能够带来 FDI 的增加，从而通过 FDI 的技术外溢作用，提高本国经济增长率。模型（6）利用动词变位难度的倒数反映了语言的绝对难度，同样给出了与模型（3）相似的结论。

模型（7）估计了语言相对难度对于经济增长率的综合影响，在控制了其他变量的情况下，语言相对难度的倒数与贸易额以及 FDI 的交互项的系数结果显著为正，表明相对语言难度的降低能够带来经济增长效率的提高。模型（8）利用动词变位难度的倒数反映了语言的绝对难度，同样给出了与模型（7）相似的结论。

4.3.2　语言政策对交易偏好作用机制的实证结果分析

语言政策主要通过改变交易偏好对经济增长产生间接影响，为了说明语言政策对于这种机制的直接影响，我们进一步利用 179 个国家和地区的数据进行实证说明。

模型（7）估计了语言与人口总量的交互项对于贸易额的直接影响，考虑到模型的稳健性，模型（7a）与模型（7b）把语言的绝对难度作为解释变量，考察了语言难度对于贸易额的影响，具体来说，模型（7a）将动词变位种类作为语言难度与贸易额进行回归；模型（7b）则将动词难度等级作为语言难度与贸易额进行回归，控制变量则选取城市化率、关税税率、实际汇率、经济发展水平、成人识字率等。

模型（8）估计了语言对于 FDI 的直接影响，与模型（7）一致，模型（8a）与模型（8b）分别把语言的其他难度作为解释变量，考察了语言难度对于 FDI 的影响，具体来说，模型（8a）将动词变位种类作为语言难度与 FDI 进行回归；模型（8b）则将动词难度等级作为语言难度与人均 FDI 进行回归，控制变量则选取劳动参与率、城市化率、关税税率、实际汇率、成人识字率等。GMM 估计结果见表 4-3。

表 4-3　语言难度特质对交易偏好的系统 GMM 估计结果

变量	Trade (7)	Trade (7a)	Trade (7b)	FDI (8)	FDI (8a)	FDI (8b)
L1.	0. 2012 *** (0. 0003)	0. 2162 *** (0. 0000)	0. 2705 *** (0. 0000)	0. 2012 *** (0. 0003)	0. 2162 *** (0. 0000)	0. 2705 *** (0. 0000)
DIFF×population	21. 5791 *** (0. 3174)			21. 5791 *** (0. 3174)		
DIFF1×population		34754. 05 *** (64. 7201)			34754. 05 *** (64. 7201)	
DIFF2×population			3304. 419 *** (3. 4841)			3304. 419 *** (3. 4841)
Participation	0. 0224 *** (0. 0010)	-686. 2105 *** (0. 7076)	1026. 287 *** (0. 6169)	0. 0224 *** (0. 0010)	-686. 2105 *** (0. 7076)	1026. 287 *** (0. 6169)
Urban	0. 1949 *** (0. 0037)	6097. 256 *** (4. 4967)	1074. 181 *** (2. 1045)	0. 1949 *** (0. 0037)	6097. 256 *** (4. 4967)	1074. 181 *** (2. 1045)
Tariff	-0. 1140 *** (0. 0019)	-661. 0452 *** (2. 3998)	550. 1713 *** (1. 0539)	-0. 1140 *** (0. 0019)	-661. 0452 *** (2. 3998)	550. 1713 *** (1. 0539)
Exchange	-0. 0085 *** (0. 0001)	213. 9421 ** (0. 5800)	393. 451 *** (0. 3232)	-0. 0085 *** (0. 0001)	213. 9421 ** (0. 5800)	393. 451 *** (0. 3232)
Inflation	-0. 0002 *** (0. 0000)	-2. 6489 * (0. 3617)	-1. 5047 *** (0. 0120)	-0. 0002 *** (0. 0000)	-2. 6489 * (0. 3617)	-1. 5047 *** (0. 0120)
GDP （percapita）	-0. 0001 *** (0. 0000)	-0. 8478 *** (0. 0021)	6. 7392 *** (0. 0006)	-0. 0001 *** (0. 0000)	-0. 8478 *** (0. 0021)	6. 7392 *** (0. 0006)
Interestrate	-0. 1066 *** (0. 0015)	-6757. 17 *** (3. 1980)	-125. 7864 *** (0. 4584)	-0. 1066 *** (0. 0015)	-6757. 17 *** (3. 1980)	-125. 7864 *** (0. 4584)
Cons	-50. 4505 *** (0. 6253)	-141. 1833 (361. 6106)	-199185. 6 *** (146. 2026)	-50. 4505 *** (0. 6253)	-141. 1833 (361. 6106)	-199. 1856 *** (146. 2026)

变量	Trade (7)	Trade (7a)	Trade (7b)	FDI (8)	FDI (8a)	FDI (8b)
Sargan	143.3023	147.9598	147.7279	143.3023	147.9598	147.7279
A-B 检验 AR (1)	-2.2453***	-1.6002***	-2.2453***	-1.6002***	-1.6007***	-1.6007***
A-B 检验 AR (2)	1.3603	1.5162	1.3603	1.5162	1.5145	1.5145

注：*、** 和 *** 分别表示在 10%、5% 和 1% 显著性水平上显著，括号内为标准误。

由表 4-3 中模型（7）的回归估计结果可知，语言学习时间的倒数与贸易额具有显著的正相关关系，表明相对语言难度对于交易成本具有正向影响。一般来说，语言的相对学习难度越大，表示交易双方的文化偏好差距越大，在这种情况下交易双方的信息不对称性也就越大，从而对国际贸易产生不利影响。模型（7a）与模型（7b）反映了绝对语言难度对于贸易额的影响，由回归估计结果可知，动词变位种类与贸易成本、动词难度等级的倒数与贸易额均具有显著的正相关关系，表明一国语言动词变位种类越多，语言难度等级越高，越容易形成较高的信息成本，从而不利于双方贸易。

由表 4-3 中模型（8）的回归估计结果可知，语言学习时间与 FDI 具有显著的负相关关系，表明相对语言难度对于吸引外商投资具有负向影响。在经济全球化的今天，外商投资不仅与地理距离有关，更与语言政策结果有关，一国语言学习时间越短，越有利于外商掌握更多本国化信息，从而更偏向于对本国进行投资，带动经济增长。模型（8a）与模型（8b）反映了绝对语言难度对于 FDI 的影响，由回归估计结果可知，不论是动词变位种类还是动词绝对难度等级都与 FDI 具有显著的负相关关系，表明一国语言动词变位种类越少，语言难度等级越低，越有利于拉近外商投资的心理距离，从而带来更多的外商投资。

4.4　本章小结

本章通过构建语言政策影响交易偏好的理论模型，论证了语言影响经济增长的逻辑机理，并利用 179 个国家和地区的数据进行了实证检验，研究发现：语言政策的实践结果，即语言的相对难易程度和绝对难易程度能够通过影响贸易偏好来作用于一国经济发展，一国的语言实践越是趋于简单，越利于产生与别国的"文化共鸣"从而降低信息成本，因而越有利于开展本国经济与他国经济的交流。从我们回归的估计结果可知，不论是语言的相对难度还是绝对难度，都能通过影响交易偏好来影响经济增长效率。因此，在其他经济因素相同的情况下，一国可以通过改变语言的相对难度和绝对难度来配合国际经济交往。我们不但需要通过学习通用语以降低语言绝对难度释放经济增长潜力，更应当扩充文化交流降低语言相对难度，通过扩大汉语的使用范围来迫使降低语言的相对学习时间，从而促进国际经济交往中经济效率的提高。

第5章 交易成本视角下语言政策影响经济增长的机制研究

本章我们将对语言政策影响经济增长的第二机制进行深入分析与经验检验。语言最具工具性的表现在于它是信息交流的载体，因此，一旦缔结契约，语言总会形成复杂的交易成本，从而改变了经济契约的进行。同时，语言作为文化符号的标识存在于经济交往的方方面面，并与经济发展相互制约、相互影响。因此，不论是国际间的经贸交流，抑或是区域内的经济交易，都需要语言演化成为一种简单便利的工具。正是不同的语言由于其本质特征的不同对经济主体的决策行为产生了微妙的影响，从而造成国家间经济发展的路径差异。Oh 等（2011）利用引力模型实证检验了语言与国家间贸易流与 FDI 投资流向的关系，认为英语是交易成本最低的语言。黄少安（2015）从语言演化的视角考察了交易成本与语言的关系，他认为经济发展要求节约交易成本，客观上需要相对简便、容易沟通的语言作为信息载体和沟通工具，而人们习得通用语又强化了个人收益，促使语言与交易成本形成了极简的演化。徐现祥等（2015）考察了中国区域内的方言对于经济增长的影响，也阐明了语言差异在个体知识交流中会产生成本从而不利于经济增长的逻辑。然而，现有文献对于语言影响交易成本的假设是基于语言之间的绝对难度无法改变，忽视了语言相对难度的存在影响交易成本的逻辑。此外，学术界对于语言的认识仅停留在其工具性上，忽视了语言特有的本质区别。他们可以解释以往世界语言趋同的现象，却无法预测未来世界语言与经济发展的趋势。本章正是通过提出语言的相对难度与绝对难度两个概念，分析其影响经济增长的机理，并利用广义矩估计的方法分析了语言政策对经济增长的影响机制来回答语言政策是如何通过改变交易成本影响经济增长的，并提出在保持本国文化的基础上促进经济发展的语言政策。

5.1 语言政策、交易成本与经济增长：理论假说

语言难度是语言选择的一个基本表现形式，语言难度因素反映了两个问题：①一些语言会比另一些语言难，这反映了语言的绝对难度；②由于所处语系的不同，学习双语所需的成本并不等于学习任意语种成本的组合，在同一个语系，学习成本要比不在同一语系的难度要低，并且学习双语所需成本取决于该人的母语（Selten，1991），这反映了语言的相对难度。语言的这种特质在经济交往中体现得尤为明显，国际贸易间的经济交往以语言为根基，它体现了一国的文化制度特征，形成经济交往中基础的信任关系与交易偏好，因而以语言绝对难度为区分，不同国家有着不同的贸易偏好。随着国际经济交往的日渐频繁，突破语言障碍成为国际交流的必要之举，而获得较高的语言能力是有成本的，此时语言政策的选择体现了无形的交易成本，因而以语言的相对难度为区分，不同国家之间的贸易成本具有差异性。总之，作为制度演化的一部分，语言政策影响着国际间的贸易偏好；作为一种交易工具，语言政策则反映了贸易成本的高低，语言的相对难度影响着交易费用的大小。

尽管绝大多数国际贸易理论认为，供给因素（如技术、要素禀赋、贸易比较优势等）决定了一国的贸易水平，但以杨小凯为代表的新兴古典国际贸易理论则强调，贸易规模和发展水平内生于交易费用和交易效率之中。另外，贸易距离作为一种力量因素受到了广泛的关注，东道国的历史、语言、宗教、政治制度、民族组成甚至是气候情况都作为贸易距离被考虑到国际贸易的范畴之内（Srivastava & Green，1986；Alesina & La Ferrara，2005；Dow & Karunaratna，2006；Ellis，2007；Sousa et al.，2008；Mélitz，2008；White & Tadesse，2008），它们通过多种方式影响国际贸易行为，如风俗习惯、消费理念、语言差异等，并且这些因素被定义为"文化距离"（culture distance），从而较大的文化距离可能引起贸易成本的上升，东道国与移民国之间的贸易冲突也由此而来。Guiso 等

（2009）在解释信任问题时提出，作为文化距离的解释变量，语言对贸易成本起到了正向作用，距离和共同语言对于信任起到了负向作用。Anderson 和 Wincoop（2004）估计与语言成本相应的税收在 7% 左右，近乎于关税壁垒或者信息成本、安全壁垒等。

尽管这些学者进一步拓展了决定跨区域交易的文化因素，但是一旦这种文化因素确定下来，那么语言的成本则显现无疑，跨国贸易的谈判、合同的签订都与语言成本有着巨大的关系，每个东道国都更偏向于与语言学习成本更小的经济体交往。李景峰、刘英（2004）认为对于语言难度的理解误差是造成国际贸易谈判成本上升的一个原因，从而影响了贸易的完成。宁继鸣（2006）认为传统贸易中的成本与语言存在密切联系，中国在国际经济交流时由于语言文化的障碍过大，造成了较大的贸易壁垒。对交易效率的追求，促使双方倾向于使用更简便易懂的语言，即使后来翻译的出现，受翻译成本限制，双方也会选择更为便利的语言即相对难度较小的语言，以降低贸易成本。同时语言像其他知识一样具有公共物品的属性，它能够以零成本进行外溢，一旦形成规模效应，这种语言的便利特质则更明确地体现了出来——不论在何种地方交易，只要是使用双方都能以较小成本使用的语言，那么这笔交易总能顺利地进行，在这种情形下，反而更加强了便利性特质语言的地位。因此，语言的特质是未观测到的交易成本，它通过贸易成本影响一国的经济增长水平，并通过物品的规模效应反作用于交易语言选择。

假说 5-1：作为一种经济交流的工具，语言是未观测到的交易成本，它通过贸易成本影响一国的经济增长。

5.2　计量模型设定与变量说明

5.2.1　计量模型设定

考虑到文化因素对于经济增长的内生性问题，本章采用了广义矩方法

（GMM）进行实证检验。我们认为，语言政策通过改变贸易成本从而影响经济增长。根据本章对于语言对经济增长发生路径的分析，拟采用如下计量模型进行数据检验：

$$Growth_{it} = \alpha_i + \beta_t + \gamma_1 D_{it} \times Cost_{it} + \mu Z_{it} + \xi_{it} \qquad (5-1)$$

式（5-1）中，$Growth_{it}$ 为一国经济增长率；α_i 为固定效应，是国家和地区由于地理位置、环境因素等固定效应对经济增长产生的影响；β_t 为时间效应；D 为一国语言难度变量；Cost 为该国贸易成本，由于语言与贸易成本的正向关系；$D_{it} \times Cost_{it}$ 用以观察语言政策通过贸易成本对经济增长的影响；Z_{it} 为一系列控制变量。

5.2.2　变量说明与数据来源

5.2.2.1　被解释变量（GDP growth）

早期关于语言的实证论文向我们展示了不同的语言族与收入的确定关系，或者是将语言内涵拓展至信任水平从而刻画对经济产出的影响。本章将直接用语言难度水平与贸易成本的交互项刻画其对经济增长影响的路径，并给出机理解释。具体选取各国人均 GDP（以 2005 年美元价格为基期）作为被刻画经济产出结果的变量，用各国 GDP 增长率刻画经济效率结果的变量。

5.2.2.2　解释变量

（1）核心解释变量：本章主要通过反映语言政策的变量对经济增长的影响，刻画语言对于经济增长和经济效率的影响，因而核心解释变量主要有贸易成本以及语言变量。

第一，贸易成本变量：采用进出口总成本（TC）作为贸易成本的代理变量，利用各国外商投资净流入量占 GDP 比重作为外商投资变量，进出口货物的单位交易成本是指官方记录对进出口货物文件进行报关和技术控制，有报关费、码头装卸费和内陆运输费用、行政事业性收费等，不包含关税和贸易税。

第二，FDI 变量：采用外商投资占 GDP 比重作为衡量一国 FDI 大小的变量。

第三，语言政策变量：利用第 3 章对语言实践结果度量的相对难度和绝对难度变量进行说明。我们选取官方公布的留学语言学时（DIFF）作为相对语言难度变量，利用 Foreign Service Institute（FSI）调研仿真建立的以英语为母语的国家和地区学习外语的具体时间表，所以本章所讲的相对语言难度，是相对于英语而言。绝对难度的变量使用各类动词变位的种类（DIFF1）以及语言的绝对难度等级（DIFF2），由语言学对于语言种类的划分为判断难易程度的标准，一般来说屈折语的难度最低赋值为 1，其次为综合语 2、黏着语 3，难度最高的为分析语，赋值为 4。

（2）控制变量：将设置一组控制变量用以保证计量结果的稳健性，包括：①实际通货膨胀率（inflation），利用各国（地区）实际通货膨胀水平控制经济产出结果；②商业环境等级（buss），利用世界银行对各国（地区）商业环境评估等级刻画各国商业环境排序，其中 1 为最适合进行商业交易的地区，189 为最低；③劳动力变量，利用劳动参与率、劳动力素质与成人识字率刻画劳动力对经济产出的影响；④资本投入比重（K），用物质资本投资占 GDP 的比重表示；⑤贸易水平变量：利用实际汇率指数（exchange）、关税（tariff）刻画对国际贸易的影响；⑥城市化率水平。

自"二战"结束后，世界经济开始全面复苏，但是全球化趋势真正开始是从美苏争霸后苏联解体，进入 20 世纪末，苏联的解体，使全球开始削弱意识形态的影响，各国家和地区真正融入到国际经济交流之中，国际经济交往才频繁活跃起来，因此本章利用全世界 179 个国家和地区 1991～2018 年的面板数据进行实证检验，数据来自世界银行 WDI 数据库、亚洲开发银行 ADB 数据库以及《中国统计年鉴》，部分缺失数据采用插值法填补。表 5-1 给出了主要经济变量的描述性统计结果。

表 5-1　统计变量描述

变量	变量名称	均值	标准差	最小值	最大值	观测值
被解释变量	GDP 增长率（gdpgrowth）	3.65	6.24	−50.25	106.28	5012
	人均 GDP（lngdp）	9149.67	13633.85	50.04	87716.73	5012
解释变量	语言学习时间/小时（DIFF）	952.48	543.94	575	2200	5012
	动词变位种类/个（DIFF1）	49.97	30.76	16	108	5012
	语言难度等级/级（DIFF2）	1.83	1.13	1	4	5012
	单位货物出口成本/美元	1234.19	764.27	200	8450	5012
	单位货物进口成本/美元	1472.24	945.83	317	9800	5012
	人口总量/百万（population）	38.32	136.65	0.07	1350.70	5012

续表

变量	变量名称	均值	标准差	最小值	最大值	观测值
控制变量	通货膨胀率（inflation）	37.12	583.84	-16.12	24411.03	5012
	劳动参与率（participation）	58.04	11.62	28.9	88.1	5012
	物质资本投入比重（K）	23	9	-2.42	113.58	5012
	成人识字率（literacy）	78.77	21.37	9.39	99.83	5012
	实际汇率指数（exchange）	8.35	18.22	-97.45	374.31	5012
	商业环境指数（buss）	92.43	54.09	1	189	5012
	关税（tariff）	9.17	8.82	0	254.58	5012
	城市化率（urban）	53.69	23.65	5.99	100	5012
	实际利率（interestrate）	8.19	18.51	-97.45	374.31	5012

由表 5-1 可知，样本期内 GDP 增长率平均为 3.65%，其中最小值为 1994 年卢旺达的 -50.25%，最大值为 1997 年利比里亚的 106.28%；语言学习时间平均值为 952 小时，其中最小值为印欧语系（英语、法语等 575 小时），最大值为阿拉伯语、汉语（2200 小时）；在表示语言绝对难度的变量中，动词变位平均值为 49 种，其中最小值为英语（16 种），最大值为汉语（108）种；语言难度等级中最简单的为英语代表的屈折语（1 级），最难的为以汉语为代表的综合语（4 级）。

5.3 实证检验

5.3.1 语言对经济增长效应的实证结果分析

在具体估算模型时，由于语言、物质资本与经济增长都可能存在着互相影响而导致内生性问题，因而采用广义矩估计法。模型（1）估计了贸易成本（取对数）对经济增长率的影响。由于语言主要依附于掌握该语言的人数发挥作用，因此模型（2）将利用语言学习时间长度刻画语言政策，用语言相对难度、人口总量与贸易成本的交互项作为前定变量刻画语言通过影响交易成本来影响经济增长率的作用机制。考虑到学习时长对于反映学习难度的偏颇性，模型（3）利用语言动词变位数量刻画语言难度特质，用语言绝对难度、人口总量与贸易成本的交互项刻画语言通过影响交易成本来影响增长率。模型（4）估计了贸易成本（取对数）对人均 GDP 的影响。由于语言主要依附于掌握该语言的人数发挥作用，因此模型（5）将利用语言学习时间长度刻画语言政策的结果变量，将语言相对难度、人口总量与贸易成本的交互项作为前定变量刻画语言通过影响交易成本来影响人均 GDP 的作用机制。模型（6）利用语言动词变位数量刻画语言难度特质，用语言绝对难度、人口总量与贸易成本的交互项刻画语言通过影响交易成本来影响人均 GDP。

表 5-2 中 AR（1）和 AR（2）检验表明，各模型残差序列均存在显著的 1 阶自相关，但不存在 2 阶自相关，意味着各模型设定是可取的，由 Sargan 检验可知各模型的工具变量设定是有效的。由模型（1）的估计可以知道，贸易成本对经济效率的影响为负，在加入语言难度与贸易成本的交互项后，模型（2）的系数依然为负，表明语言难度能够强化贸易成本对于经济增长的负向作用，而交互项的系数较未加入交互项之前的系数大，侧面证明了一国语言相对难度越低，越有利于降低一国贸易成本，从而提高经济增长效率。模型（3）利用了动词变位难度反映绝对语言难度，同样给出了与模型（1）相似的结论，表明在经济交往中，较便利的语言能够带来交易成本的降低，从而提高经济增长率。

表 5-2 语言对经济增长效应的 GMM 估算结果

变量	GDP growth (1)	GDP growth (2)	GDP growth (3)	lnGDP (4)	lnGDP (5)	lnGDP (6)
L1.	0.3015 *** (0.0010)	0.3230 *** (0.0012)	0.3242 *** (0.0009)	1.0213 *** (0.0010)	1.0044 *** (0.0011)	1.0037 *** (0.0010)
lnTC	−3.3936 *** (0.0943)			−0.0849 *** (0.0020)		
DIFF×population×lnTC		−0.5492 *** (0.0263)			−0.0076 *** (0.0003)	

续表

变量	GDP growth (1)	GDP growth (2)	GDP growth (3)	lnGDP (4)	lnGDP (5)	lnGDP (6)
DIFF1×population×lnTC			−0.0984 *** (0.0095)			−0.0020 *** (0.0001)
Participation	0.0436 *** (0.0043)	−0.0018 (0.0037)	0.0025 (0.0050)	0.0004 *** (0.0001)	0.0003 *** (0.0000)	0.0003 *** (0.0000)
Urban	−0.0763 *** (0.0025)	−0.0182 *** (0.0036)	−0.0372 *** (0.0017)	−0.0010 *** (0.0011)	−0.0002 *** (0.0001)	−0.0006 *** (0.0001)
Tariff	0.0016 *** (0.0005)	−0.0179 *** (0.0034)	−0.0127 *** (0.0034)	−0.0004 *** (0.0000)	−0.0002 *** (0.0001)	−0.0003 *** (0.0001)
K	0.2377 *** (0.0035)	0.2236 *** (0.0035)	0.2140 *** (0.0031)	0.0031 *** (0.0009)	0.0049 *** (0.0001)	0.0047 *** (0.0001)
Exchange	0.0020 *** (0.0007)	−0.0035 *** (0.0003)	−0.0048 *** (0.0004)	−0.0001 *** (0.0000)	−0.0001 *** (0.0000)	−0.0001 *** (0.0000)
Inflation	0.0001 *** (0.0000)	−0.0001 *** (0.0000)	−0.0001 *** (0.0000)	0.0000 *** (0.0000)	−0.0000 *** (0.0000)	−0.0000 *** (0.0000)
Buss	0.0004 (0.0014)	0.0250 *** (0.0018)	0.0080 *** (0.0012)	−0.0140 *** (0.0010)	−0.0001 *** (0.0000)	0.0003 *** (0.0000)
Literacy	0.0262 *** (0.0017)	0.0042 ** (0.0022)	−0.0111 *** (0.0021)	0.0017 *** (0.0000)	0.0002 *** (0.0000)	0.0001 *** (0.0000)
Cons	23.9604 *** (0.2315)	6.4637 *** (0.4723)	3.3221 *** (0.6085)	0.0485 *** (0.0158)	0.0217 *** (0.0091)	0.0174 *** (0.0006)
Sargan	151.8363	151.8528	150.5819	146.8424	145.9293	148.3203
A−B 检验 AR (1)	−3.9181 ***	−3.9247 ***	−3.9179 ***	−3.8909 ***	−3.8015 ***	−3.8132 ***
A−B 检验 AR (2)	1.4535	1.5014	1.4936	0.0345	0.0564	0.0164

注：*、** 和 *** 分别表示在 10%、5% 和 1% 显著性水平上显著，括号内为标准误。

模型（4）估计了贸易成本对于经济增长的负向影响，在加入了语言相对难度与贸易成本的交互项后，模型（5）的这一系数结果显著为负但较未加入交互项时的系数要大，表明语言难度强化了贸易成本对于经济增长的作用。模型（6）利用动词变位难度反映了语言的绝对难度，同样给出了与模型（3）相似的结论。

5.3.2　语言对贸易成本作用机制的实证结果分析

语言政策主要通过降低交易成本对经济增长产生间接影响，为了说明语言对于这种机制的直接影响，我们进一步利用 179 个国家和地区的数据进行实证说明。

模型（7）估计了语言与人口总量的交互项对于贸易成本（TC）的直接影响，考虑到模型的稳健性，模型（7a）与模型（7b）将语言的其他难度特质作为解释变量，考察了语言难度对于交易成本的影响，具体来说，模型（7a）将动词变位种类作为语言难度与进出口总成本进行回归；模型（7b）则将动词难度等级作为语言难度特质与进出口总成本进行回归，控制变量则选取城市化率、关税税率、实际汇率、经济发展水平、成人识字率等。

由表 5-3 中模型（7）的回归估计结果可知，语言学习时间与贸易成本具有显著的正相关关系，表明相对语言难度对于交易成本具有正向影响。一般来说，语言的学习时间越长，所耗费的社会必要劳动时间越长，因而能产生较高的交易成本，对于经济发展具有不利影响；而如果一国语言学习时间较短，则耗费较短的社会必要劳动时间，从而降低交易成本，形成对经济的良性循环。模型（7a）与模型（7b）反映了绝对语言难度对于交易成本的影响，由回归估计结果可知，动词变位种类与贸易成本、动词难度等级与贸易成本均具有显著的正相关关系，表明一国语言动词变位种类越多，语言难度等级越高，越容易形成较高的交易成本。

表 5-3　语言对贸易成本的系统 GMM 估计结果

被解释变量	TC	TC	TC
解释变量	（7）	（7a）	（7b）
L1.	1.0337 ***	1.0308 ***	1.0377 ***
	（0.0007）	（0.0004）	（0.0004）

续表

被解释变量	TC	TC	TC
解释变量	(7)	(7a)	(7b)
DIFF×population	11. 2947 *** (0. 0416)		
DIFF1×population		9. 4597 *** (0. 2498)	
DIFF2×population			2. 4584 *** (0. 0808)
Participation	3. 5084 *** (0. 0609)	2. 9188 *** (0. 0514)	1. 8398 *** (0. 0612)
Urban	−0. 0599 (0. 1741)	−0. 0065 *** (0. 0005)	−0. 0044 *** (0. 0006)
Tariff	−0. 6404 *** (0. 0731)	−0. 9234 *** (0. 0939)	−1. 4635 *** (0. 1113)
Exchangerate	0. 8787 *** (0. 0147)	0. 9189 (0. 0234)	0. 8826 *** (0. 0161)
Inflation	0. 0028 *** (0. 000616)	0. 0025 *** (0. 0006)	0. 0001 *** (0. 0002)
GDP	0. 0055 *** (0. 0003)	0. 0066 *** (0. 0001)	0. 0040 *** (0. 0001)
Interestrate	6. 6910 *** (0. 0968)	7. 3375 *** (0. 1151)	6. 7807 *** (0. 0758)
Cons	−1937. 943 *** (19. 5637)	−1289. 023 *** (19. 1946)	−824. 4791 *** (10. 7935)
Sargan	149. 9291	148. 4946	148. 1533
A−B 检验　AR (1)	−2. 6439 ***	−2. 6429 ***	1. 3603 ***
A−B 检验　AR (2)	−0. 0210	−0. 0239	−0. 0256

注：*、** 和 *** 分别表示在 10%、5% 和 1% 显著性水平上显著，括号内为标准误。

5.4　本章小结

　　既有的研究表明，文化能够对经济增长产生影响，但尚未有学者考虑文化具形（如语言、制度等）对经济增长的路径机制，本章的理论和实证分析表明：语言政策的实践结果，即语言的相对难易程度和绝对难易程度能够通过影响交易成本并最终作用于一国经济发展，一国的语言学习时间相对越短，则越有利于促进本国经济发展，世界经济的发展实践同样印证了国际性的通用语言都有趋于简单化的态势。我们今天所做的研究，只是在发现语言政策情况下，对可能的增长进行了一个符合逻辑和经验的解释。研究发现，一种简单的、易传播的工具文化能够有效地降低交易成本，并通过影响贸易偏好而作用于经济增长，由于这种工具文化带有公共物品的属性，使规模效益以零成本的方式外溢，因而与经济增长形成了互相促进的影响。从我们回归的估计结果可知，不论是语言的相对难度还是绝对难度，都能通过影响交易成本来影响经济增长效率，因此可以通过改变语言的相对难度和绝对难度来配合国际经济交往。通过学习通用语与扩大汉语文化的普及程度，带来经济效率的提高。

第6章 技术进步视角下语言政策影响经济增长的机制研究

本章将对语言影响经济增长的第三个机制进行理论分析与经验检验。内生经济增长理论认为，以技术进步为标志的经济效率的提高是经济增长的决定性因素，国家间增长效率的差异会造成经济表现的不同。三次工业革命的历史经验和近代的经济发展史告诉我们，科技进步是立国之本。对于发展中国家来说，在开放经济条件下，一国技术进步水平的提高除了依赖于本国的研发创新，也需要国际间技术以及知识溢出带来的技术效率的提高。而这种技术或者知识由技术领先国创造并扩散到周边发展中国家的过程容易受到诸多隐性成本的影响，其中既有来自追赶国人力资本水平的影响（Caselli & Coleman，2001；Comin & Hobijn，2004，2010；Benhabib & Spiegel，2005；Cosar，2011），也与该国相应的人力资本吸收能力大小有关（Clark et al.，2011；Isaksson & Kaulich，2014）。国内学者何兴强等（2014）、肖利平和何景媛（2015）、上官绪明（2016）等也从实证角度指出中国的技术进步同样依赖于人力资本吸收能力的强弱，这也是造成中国区域间经济效率差异的重要原因之一。然而现实的情况是，即使有些国家具有同样较高的人力资本水平，其经济增长效率也会存在较大差距，尤其是在企业本身制度因素和外界环境因素相互作用下，企业往往不能充分有效地使用现有先进技术，造成了技术无效率的存在，这为此后学者研究制度环境对经济效率的影响提供了依据（Fare et al.，1994；涂正革和肖耿，2005）。

基于制度对经济效率影响的研究，学者开始关注语言制度安排对于技术、经济效率的影响，如 Caselli 等（2001）较早关注了经济主体双语能力对于技术吸收能力的影响，Keller（2002）发现在开放经济条件下，技术进步不仅与贸易有关，而且与交易双方使用的共同语言有关，实证结果显示如果西班牙的英语使用人数与荷兰相当，其经济收益将会提高15%，正是现有语言制度安排约束了该国技术进步水平的提升。Gandal（2006）选取加拿大居民的网络数据进行实证分析，强调了居民双语能力对于技术扩散的积极影响。而 Matteo 和 Sebastián（2012）、Pearce 和 Rice（2014）等学者在研究发展中国家 ICT 技术扩散时，发现了经济主体语言差异对于新技术应用的显著影响，并强调了发展中国家语言难度较高时更需要高水平的人力资本与之相匹配。对上述文献进行梳理就会发现，现有研究主要是以双边国家是否使用共同语言作为解释变量，分析经济主体语言差异对一国技术进步与经济增长效率的影响，而较少考察不同语系之间语言难度差异与经济增长效率之间的量化关系，而且上述研究在选取样本的过程中主要考虑欧洲英语语系内部语言差异与技术吸收的相互关系，而缺少对不同语系背景下语言差异与经济技术效率关系的分析，这不仅会影响到研究结论的稳健性，也使语言差异影响经济效率的逻辑本质不能得到进一步有效的阐释。同时，中国在进入经济发展的"新常态"下，在面对我国经济增长需要迈向以技术创新为支撑的新的发展阶段时，如何正确应对母语与外语的冲突从而在发扬我国"文化自信"的同时提高我国经济发展效率是值得我们关注的问题。

正是基于上述研究的不足，本章旨在以同种语系内部以及不同语系之间语言难度为切入点，研究不同国家语言政策影响一国经济技术效率的逻辑机理，并选取 89 个国家和地区 1990~2018 年的面板数据进行实证检验。本章将从以下几个方面进行分析：第一，通过典型事实描述，描述了官方语政策差异与地区经济发展要素的事实关系并初步提出语言影响技术进步的假设逻辑；第二，引入语言难度变量的技术扩散模型和均衡增长路径求解，将语言政策纳入技术进步函数当中作为解释经济增长的理论基础；第三，利用 SFA 模型估计了语言对技术进步的影响，并测度了 89 个国家和地区的语言难度，实证检验了其对技术进步的影响程度；第四，利用 2SLS 模型进一步估计了语言对实际产出的影响。

6.1 语言政策与世界经济发展的典型事实分析与研究假设

众多经济史学家发现，西方经济的蓬勃发展与较弱的技术壁垒有关（Rosenberg & Birdzell，1986；Mokyr，1990），而较弱的技术壁垒又部分源于西方简单而精确的语言。简洁的印欧语系不但为西方世界提供了科学的思维过程，也为技术交流节约了成本，正是认识到语言差异很可能会形成隐性的技术壁垒后，亚洲的主要发达国家在战后都出现了学习英语的热潮。如图 6-1 所示，以外语考试中最热门的 TOEFL 考试为例，在外语学习人数比例较高的国家，往往具有较高的 TFP 水平。如日本不但最早引进了托福考试，还将英语水平的高低作为入学考试的一项重要标准，英语成为日本从明治维新时代开始全面学习的文化标识并一直保持至今。而新加坡则从 1965 年建国之日起就将英语作为第一语言，而将中文作为第二语言，这样不论在政治上还是经贸交流上，新加坡都能够迅速做出反应，从而为国家经济飞速发展奠定了坚实的语言制度基础。

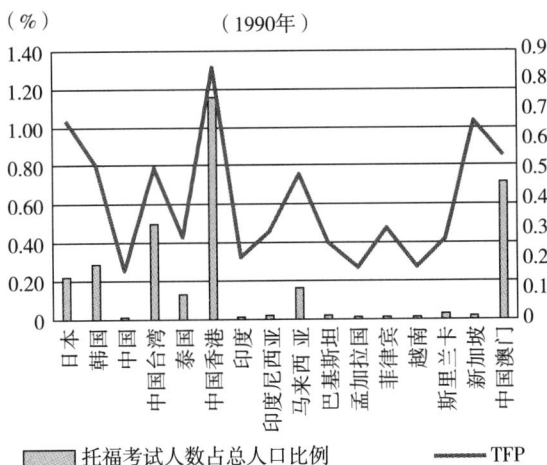

图 6-1 亚洲国家和地区的语言学习与全要素生产率（TFP）

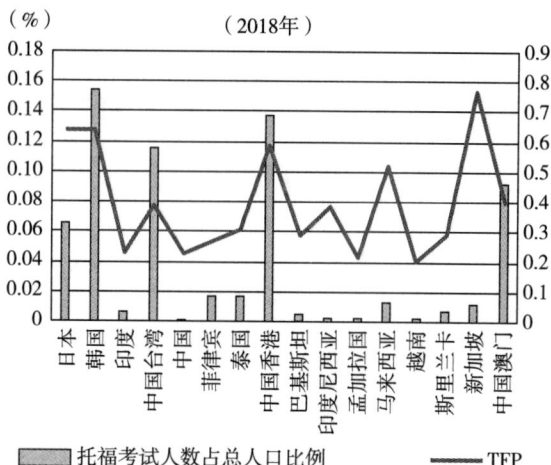

图 6-1　亚洲国家和地区的语言学习与全要素生产率（TFP）（续）

资料来源：托福数据由 ETS 考试中心整理而得，TFP 数据由联合国工业发展组织 UNIDO 整理绘制而得。

学习外语作为一种世界性的潮流，在 20 世纪 70 年代末的中国初见苗头。改革开放政策的逐步推进为本国企业与 OECD 国家之间的经贸合作提供了条件。如表 6-1 所示，中国在实际利用外资情况中，明显有着语言偏好。随着经济主体外语能力水平的提高，在同等条件下中国厂商和研发机构往往选择与自己语言政策相似的国家进行合作。特别是在一些生产技术领域的合作，中国厂商更偏向与使用较为简单的日语与英语的国家进行经贸交流，这不仅便于研发主体之间的信息交流，也使得厂商技术工人们可以迅速掌握引进技术的使用方法；不仅有效降低了语言引起的研发成本，也有助于技术人员熟悉并掌握引进技术，节约了厂商的生产成本，最终有利于厂商对于先进技术的吸收和创新，并为我国技术效率水平的提高提供良好的基础。同样，对于组织管理人员来说，偏好于与英、美等简单语言国家的企业合作，可以减少对工人们的培训和聘请翻译费用，降低管理成本，所以从 20 世纪 80 年代开始，来自英、美、日本等国的投资比重就相对较高，为我国市场经济发展提供了有利条件，不仅如此，上述国家通过与华合作也获得了大量中国改革开放的红利。

表 6-1　中国实际利用 FDI（按国家/地区）与各国语言难度情况

1997 年			2004 年			2018 年		
国家/地区	FDI 投资金额（万美元）	语言难度	国家/地区	FDI 投资金额（万美元）	语言难度	国家/地区	FDI 投资金额（万美元）	语言难度
中国香港	2063200	1	中国香港	1899830	1	中国香港	8991724	1
日本	432647	3	维尔京群岛	673030	1	新加坡	521021	1
中国台湾	328939	1	韩国	624786	3	维尔京群岛	471151	1
美国	323915	1	日本	545157	3	韩国	466688	3
新加坡	260641	1	美国	394095	1	开曼群岛	406825	1
韩国	214238	3	中国台湾	311749	1	日本	379780	3
英国	185756	1	开曼群岛	204258	1	德国	367428	2
维尔京群岛	171717	1	新加坡	200814	1	美国	268931	1
德国	99263	2	萨摩亚	112885	1	英国	248164	1
法国	47465	2	德国	105848	2	萨摩亚	155421	1

注：部分数据由作者根据国家统计局网站整理计算而得，部分数据来自网站 http：//www. ethno-logue. com，关于世界各国及地区语言的详细数据，参见 http：//www. ethnologue. com/statistics/country。这里语言难度指相对于汉语的难度等级，1 为最小，4 为最大。

通过以上典型事实和文献可以看出，一国的技术进步与该国使用的语言有着某种联系，由于科学技术使用的终端在于人，那么人与人之间的语言交流成本也会成为技术扩散的一大障碍，当技术研发过程需要人们进行信息交流时，技术知识的产生与扩散则主要依赖于技术研发所做出的福利最大化决策（Ar-row，1969），而这种福利最大化的决策与技术研发人员的语言文化背景有着直接关系。当不同国家间有着相同的语言文化背景时，其相互之间更有可能进行大量的技术交流与合作，从而带来本国技术进步水平的提高；当国家间文化差距较大时，语言难度则成为阻碍技术交流与创新的重要因素，导致语言难度成为影响技术效率的一个重要因素，在此条件下通过共同语言的学习降低语言难度不但能够降低市场主体之间的信息交流成本，而且有助于强化主体之间的文化共识（Anderson，1991）。由于语言相似性使得企业双方互相理解，不仅降低了跨国主体之间交流成本（Lee & Ungson，2008），也加速了新技术、新思想、新管理理念等因素在不同国家市场主体之间的传播和使用（Jensen & Szulanski，2004；Galang，2014；Bosetti et al.，2015）。特别是在两国有着相似的文化、法治等制度环境下，语言难度的变化将对技术进步过程中存在的信息交流成本产生显著影响，从而改变国际间技术溢出的过程（Mc Adam & Rucht，1993；Jaffe et al.，2000；Wejnert，2002）。

综合来看，在人力资本水平一定的情况下，由于语言难度的出现，一国不能完全充分吸收并利用现有技术，从而造成经济增长技术无效率情况的存在。追赶国使用相对简单的语言能够降低技术人员的培训和翻译等相关费用，从而加速了对创新国技术吸收与模仿的能力。反之，如果追赶国较创新国的语言难度较大，则新技术吸收和传播过程中信息成本会迅速增加，企业组织不得不花费大量的资源在语言翻译与技术信息理解上，导致产出技术效率的降低。所以，基于上述事实观察和逻辑分析，可以得到本章研究的核心理论假说。

假说6-1：语言障碍集中体现在语言的学习难度之中，不同的语言之间学习成本的差异造成了经济主体人力资本对先进技术的吸收能力差异，从而影响了一国的经济增长效率。因此国家间的技术差距不仅取决于一国人力资本水平，而且依赖于以语言难度为表现的语言学习成本的大小，本国与追赶国的语言相对学习难度越低，越有利于本国进行知识积累与技术进步，从而带来经济效率的提高。

6.2 语言政策选择、技术进步与经济增长：理论模型

6.2.1 基准模型

为了强调语言难度在技术追赶中的作用，我们借鉴罗默 Romer（1990）和 Jones（1995）关于技术创新模型的设定，讨论开放经济条件下语言难度差异对技术进步以及均衡增长路径的影响。

首先，对于本国生产部门而言，假定总量生产函数和技术研发函数分别为：

$$Y = AK^{\alpha}(\mu H)^{\beta} \tag{6-1}$$

$$\dot{A} = B(1-\mu)HA^{\theta}\left[\frac{A_f}{A}\right]^{\Omega(\gamma)} \tag{6-2}$$

式（6-1）生产函数中，生产要素分别是资本存量 K，本国技术水平 A 以及人力资本 H，考虑将人力资本按一定比例 μ 和 $1-\mu$ 分配至生产部门和技术研发部门，而且人力资本的增长速度设定为 h，即 $\dot{H}=hH$。

式（6-2）表明本国技术生产函数，主要由两部分因素决定：

一部分因素是基于国内人力资本投入和技术知识积累实现的技术进步，即 $B(1-\mu)HA^{\theta}$，B 表示转换参数，服从泊松分布，表示技术进步实现概率。$(1-\mu)H$ 表示应用于技术研发的人力资本投入；A^{θ} 表示本国已有技术积累水平对于技术进步的影响；而指数 θ 则表示这种影响关系的强弱，且 $1 \geq \theta \geq 0$，表明技术知识积累对技术进步的影响存在规模报酬递减效应。

另一部分因素是基于技术领先国家的技术扩散，即 $[A_f/A]^{\Omega(\gamma)}$，其中 A_f 表示领先国家技术水平，假定以外生参数 n 的速度增长，即 $\dot{A}_f=nA_f$。而本国与领先国家的技术差距用 A_f/A 表示，其比值越大表示本国与领先国家技术差距越大；反之，越小[①]。需要特别说明的是技术领先国家技术水平对本国技术进步的影响，即技术扩散效应的强弱主要取决于本国对技术领先国家技术水平的吸收能力，在式（6-2）中用参数 $\Omega(\cdot)$ 表示。Ω 越大，表示在给定技术差距的情况下，本国研发部门对国外技术积累的吸收能力增强，意味着本国技术水平受领先国技术扩散影响越大，本国技术进步的速度会明显越快；相反，Ω 越小则本国技术进步受领先国技术扩散的影响就越小。

在式（6-2）中，假设技术吸收能力 $\Omega(\cdot)$ 内生于语言政策，即吸收能力 Ω 是技术领先国家相对本国语言的语言难度 γ 的函数，且 $\Omega(\cdot)$ 是语言难度 γ 的单调递减函数，即 $\partial\Omega/\partial\gamma \leq 0$，表明技术领先国语言难度 γ 越小，参数 $\Omega(\cdot)$ 会越大，越有利于本国对领先国技术的习得，从而提高本国技术水平。相反，如果技术领先国语言难度 γ 扩大，必然降低了技术吸收能力，参数 $\Omega(\cdot)$ 会下

---

① 为了确保在稳态均衡增长路径上，本国技术知识积累水平 A 始终落后于技术领先国家 A_f，即本国 A 始终小于 A_f，需要假定 $n(1-\theta)-h>0$，从而保证本国技术进步始终受技术领先国技术扩散的影响。

降，从而限制了领先国技术扩散水平。另外，对式（6-2）需要说明的是，函数 $\Omega(\gamma)$ 的取值范围是 $[0, \theta]$，其中 $\gamma \geq 0$，即 $\theta - \Omega(\gamma) \geq 0$，从而保障本国技术积累 A 对技术进步的影响效应为正。

其次，考虑家庭部门瞬时效用函数和相应约束条件为：

$$U(C) = \frac{C^{1-\sigma} - 1}{1 - \sigma} \tag{6-3}$$

$$\text{s.t. } \dot{K} = w_H H + rK - C - \delta K \tag{6-4}$$

式（6-3）中，C 表示瞬时消费水平，σ 是相对风险厌恶系数，决定了消费者消费的时间偏好。考虑在完全竞争条件下，利率 r 和工资 w_H 是资本与人力资本要素投入的边际产出。在 r、w_H 给定的情况下，定义家庭部门局部均衡的汉密尔顿函数：

$$J = \frac{C^{1-\sigma} - 1}{1 - \sigma} e^{-\rho t} + \lambda(w_H H + rK - C - \delta K)$$

根据一阶条件得到消费增长率为：

$$\frac{\dot{C}}{C} = \frac{r - \delta - \rho}{\sigma} \tag{6-5}$$

最后，为计算中央计划者均衡条件以及全社会均衡增长路径，全社会效用最大化问题可表述为：

$$\max \int_0^\infty \frac{C^{1-\sigma} - 1}{1 - \sigma} e^{-\rho t} dt \tag{6-6}$$

$$\text{s.t. } \dot{K} = Y - C - \delta K \tag{6-7}$$

$$\dot{A} = B(1 - \mu) H A_f^\Omega A^{\theta - \Omega} \tag{6-8}$$

$$\dot{H} = hH \tag{6-9}$$

根据上述条件，定义现值汉密尔顿函数为：

$$J = \frac{C^{1-\sigma} - 1}{1 - \sigma} e^{-\rho t} + \lambda_1 (AK^\alpha u^\beta H^\beta - C - \delta K) + \lambda_2 B(1 - \mu) H A_f^\Omega A^{\theta - \Omega} + \lambda_3 hH$$

$$\tag{6-10}$$

在平衡增长路径上，由于 $\dot{C}/C = \dot{A}/A = g_A$，$\dot{\lambda_1}/\lambda_1 = \dot{\lambda_2}/\lambda_2$，于是得到平衡增长路径上参数 μ 的最优化条件：

$$u = \frac{\beta[(\sigma - \theta + \Omega)g_A + \rho]}{g_A[\beta(1 - \theta + \Omega) + 1] + \beta\rho} \tag{6-11}$$

在稳态条件下 $\dot{g}_A = 0$，于是得到社会最优稳态增长路径为[①]：

$$g_A^* = g_C^* = g_Y^* = \frac{h + \Omega(\gamma)n}{1 + \Omega(\gamma) - \theta} \tag{6-12}$$

由于技术吸收能力 $\Omega(\cdot)$ 内生于语言政策，且 $\Omega(\cdot)$ 是语言难度 γ 的单调递减函数，所以分析语言对社会稳态增长路径的影响，应考虑以下几种情况：

（1）当语言难度 γ 为 0 时，表明本国与技术领先国家使用同一种语言，相互之间语言特质差异消失，此时本国对技术领先国的技术吸收能力最强，即 $\Omega(\gamma)$ 函数取最大值 θ，在此条件下社会最优增长路径为：

$$g_A^* = g_C^* = g_Y^* = h + \theta n \tag{6-13a}$$

式（6-13a）表明在语言特质差异消失的情况下，本国稳态增长路径与人力资本增速 h、技术知识积累对技术进步的影响强度 θ 以及技术领先国技术增长率 n 有关，其中任何一个参数的提高，都可以为本国稳态增长率带来永久性的提高。

（2）当语言难度 γ 趋于无穷时，意味着本国与技术领先国之间无法进行"语言交流"，本国的经济发展完全是一种封闭状态，此时吸收能力 $\Omega(\gamma)$ 为 0，领先国技术扩散效应消失，本国技术发展完全依靠自主创新，在此条件下社会最优增长路径为：

$$g_A^* = g_C^* = g_Y^* = \frac{h}{1 - \theta} \tag{6-13b}$$

式（6-13b）表明在与技术领先国存在"语言交流"困难的情况下，本国技术进步仅与人力资本增速 h、知识积累对技术进步影响强度 θ 有关，本国寻求经济增长的方式主要在于提高 h 和 θ，这一结论和 Jones（1995）等内生增长模型的研究结论是一致的。

（3）当语言难度 γ 介于（1）和（2）两种极端情况之间时，为说明语言难度 γ 变化对均衡增长路径的影响，对式（6-12）关于 γ 求偏导，可得：

---

① 利用均衡增长路径条件，可得社会稳态条件下人力资本在两部门的最优配置比例：

$$\mu = \frac{\beta[(\sigma - \theta + \Omega)(h + \Omega n) + \rho(1 - \theta + \Omega)]}{(h + \Omega n)[\beta(1 - \theta + \Omega) + 1] + [\beta(1 - \theta + \Omega) + 1]\beta\rho}。$$

$$\frac{\partial g_A^*}{\partial \gamma} = \frac{\partial g_A^*}{\partial \Omega} \frac{\partial \Omega}{\partial \gamma} = \frac{n(1-\theta) - h}{[1 + \Omega(\gamma) - \theta]^2} \frac{\partial \Omega}{\partial \gamma} \tag{6-14}$$

由于 $\partial\Omega/\partial\gamma \leq 0$，所以在 n（1-θ）-h>0 时，即领先国家技术进步对本国技术创新的贡献为正的条件下，根据式（6-14）可得 $\partial g_A^*/\partial\gamma \leq 0$，表明语言难度 γ 与稳态技术进步增长率以及经济增长率负相关，意味着通过降低语言难度可以有效促进本国长期经济增长率的提高。

6.2.2　数值模拟

为进一步分析语言难度 γ 对均衡增长路径的影响，图 6-2 通过数值模拟简要对比了 γ 不同条件下对均衡增长路径的影响。在数据拟合过程中，分别设定技术领先国技术进步增长速度 n=5%，技术追赶国家人力资本增长率 h=2%，而且由于追赶国家技术进步既与人力资本存量有关，又受本国技术知识存量以及技术领先国家的技术扩散影响，因此设知识存量对本国技术进步的影响强度参数 θ=0.5。另外，根据假设 Ω(·) 是语言难度 γ 的单调递减函数，于是设定技术吸收能力参数 Ω=1/γ。

基于前述参数设定，并结合表 6-1 语言难度设定值，对语言难度 γ 影响均衡增长的动态路径进行拟合。如图 6-2 所示，其中 g_2 表示语言难度从 2 逐步降低到 1 的过程中，本国稳态技术进步的动态路径；g_3 表示 γ 从 3 缓慢降至 1 时的技术进步动态演变情况；g_4 表示 γ 从 4 降至 1 时的技术进步稳态演变情况。所不同的是，图 6-2（a）反映参数 γ 以 $\Delta\gamma_t = \gamma_t - \gamma_{t-1} = 0.05$ 的形式趋近于 1，（b）反映参数 γ 以 5% 的速度趋近于 1 的过程，而（c）反映参数 γ 分别以几何平均增长的形式趋近于 1 的过程。从图 6-2（a）、图 6-2（b）可以看出，处在不同语言难度阶段的国家，在不考虑其他条件的情况下，语言难度等级是影响一国技术进步的因素，而语言难度较高的发展中国家要想实现赶超发展战略，就应该如图 6-2（c）所示，加快降低本国与技术领先国之间的语言难度，从而通过提高本国技术进步水平缩小与技术领先国家之间的差距。

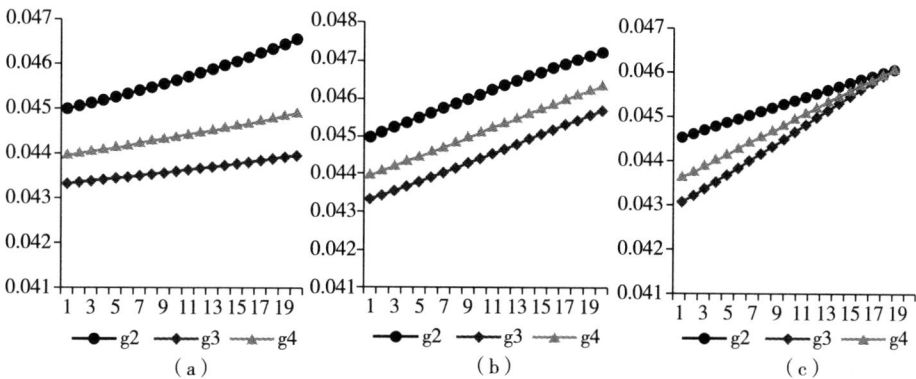

图 6-2　语言难度变化对均衡增长路径的动态影响

归纳来看，在本国与技术领先国之间语言政策存在差异的条件下，本国稳态均衡增长路径在其他条件不改变的情况下，依赖于技术领先国语言相对于本国语言的难度，降低技术领先国语言相对难度，能够有效提高技术领先国的技术扩散效应从而提高本国技术效率，为本国均衡增长路径的提升创造空间。

6.3　语言对技术进步的实证分析

6.3.1　模型设定

由上文分析可知，语言难度作为制度因素之一对于一国经济发展有着重要的影响。对于经济技术效率的测度，传统参数估计方法使用"索罗残差"作为技术进步的指标衡量经济效率的高低，然后利用回归分析找出影响技术进步的要素，但问题是该方法假定生产者已经充分有效地利用了现有技术，显然与本章技术非效率假定的情况不一致，因此本章参照 Fare 等（1994）、Kumbhakara 等（2000）等学者的做法，使用随机前沿生产函数作为基本的计量分析模型，刻画语言难度对技术非效率的影响。结合上述分析，本书选取超越对数生产函数对技术进步影响因素进行实证分析，其中超越对数函数与技术进步的影响因素的计量模型为：

$$\ln Y_{it} = \beta_0 + \beta_L \ln L_{it} + 1/2\beta_{LL}[\ln L_{it}]^2 + \beta_K \ln K_{it} + 1/2\beta_{KK}[\ln K_{it}]^2 +$$
$$\beta_{LK}\ln L_{it}\ln K_{it} + v_{it} - u_{it} \tag{6-15}$$

$$\mu_{it} = \delta_0 + \delta_1 \ln DIS_{it} \times \ln h_{it} + \sum_l \delta_l control_{l,it} + \varepsilon_{it} \tag{6-16}$$

式（6-15）中，被解释变量 $\ln Y_{it}$ 表示一国实际产出，角标 i 和 t 分别表示面板数据的截面维度和时间维度，v_{it} 是随机误差项，假设它服从标准正态分布 $N(0,\sigma^2)$，而 u_{it} 是技术无效率函数，它是一个非负参数，用于衡量个体 i 在 t 年的技术无效率变化情况，满足半正态分布 $N_+(z_{it},\sigma_u^2)$，且与随机误差项 v_{it} 相互独立，式中 ε_{it} 表示随机误差项，同样也服从标准正态分布 $N(0,\sigma_\varepsilon^2)$。而对于采用随机前沿分析方法是否合适的判断标准是要对参数 γ 的显著性进行检验，在 $\gamma = \sigma_u^2/(\sigma_u^2+\sigma_v^2)$ 条件下，γ 越高表示无效率因素对技术效率影响越大，这样运用随机前沿分析方法是可行的。如果上述统计检验成立，那么个体 i 在 t 年技术效率就由下式表示：

$$TE_{it} = \frac{E[f(x_{it})\exp(v_{it} - u_{it})]}{E[f(x_{it})\exp(v_{it}) \mid u_{it} = 0]} = \exp(-u_{it}) \tag{6-17}$$

当 TE_{it} 趋近于 1 时，表示研究个体生产技术是越来越有效的；反之，如果 TE_{it} 越趋于 0，则表示技术效率越低。这种技术效率的变化主要由无效率项 u_{it} 引起，它与技术效率呈负相关，这也就意味着当式（6-16）中的系数向量为正时，对应变量不利于生产效率的提高，如果系数向量为正时，表明对应变量可以提高技术效率。

6.3.2　样本选择与数据处理

由于需要在全世界范围内对各个经济体进行比较研究，我们将样本划定在一个全世界经济发展较为稳定的时间段内，也就 20 世纪 80 年代以后，在这个时间内，各个国家从战后萧条已经恢复到以发展经济为主要目标，政治的不确定性对经济发展的影响较小。囿于数据的可获得性，我们最终选择了 89 个国家和地区 1990~2018 年的数据进行分析。

（1）总产出（Y）、劳动投入（L）和资本投入（K）分别从 Penn World

Table 8.0 中获取，实际总产出（Y）为以 2005 年美元作为不变价的各国国内生产总值，劳动投入（L）为百万人口里参与劳动的人数，资本投入（K）为以 2005 年美元为基期的资本存量。

（2）人力资本（H），关于人力资本的估算，世界地区通用的做法是使用教育指标法计算，即用小学入学率来表示人力资本的丰裕程度。教育指标法虽然数据易得，但对于人力资本的测量误差较大，因此我们采用支出法测量人力资本，即使用教育支出占 GDP 的比重来衡量各地区人力资本的大小。

（3）语言障碍的测度：根据第 3 章中的定义，语言具有相对难度和绝对难度，相对难度反映了两种语言之间的差异程度，语言难度最直观的体现是官方公布的学时，一般来讲语言的学时越长，表明掌握该门语言的难度越大；反之则越小，因此我们选取官方公布的留学语言学时（DIFF）作为语言难度变量，利用 Foreign Service Institute（FSI）调研仿真建立的以英语为母语的国家学习外语的具体时间表，所以本章所讲的相对语言难度，是相对于英语而言。

（4）控制变量的选择：①研发活跃度，政府参与研发支出对于提高全要素生产率已经成为不争的事实，通常情况下政府对于科技创新的财政支持力度越大，研发活跃度越高，从而越有利于技术的进步，因此我们选取政府当年 R&D 支出占 GDP 的比重以及百万人口里研发人员的数量这两个指标作为研发活动活跃的指标。②外商直接投资（FDI），FDI 的技术溢出效应也是提高全要素生产率的重要影响因素，所以我们选择 FDI 净流入量占 GDP 比重来表示。③经济开放度（Open），经济开放度的提高能够有利于技术溢出和效率的提高，通常做法是选取国家进出口贸易总额与 GDP 的比重来表示。所有样本描述性统计见表 6-2。

表 6-2 样本描述性统计

变量	变量名称	平均值	标准差	最小值	最大值	观测数
产出	Y	548258	1664159	1020. 4686	190000000	3382
投入要素	K	1125064	3686833	0. 8267	40615356	3382
	L	24. 6602	86. 92044	0. 0911	792. 5753	3382
核心变量	H	2. 3548	0. 6191895	1. 0909	3. 974208	3382
	DIFF	52. 3820	30. 7757	16	108	3382

变量	变量名称	平均值	标准差	最小值	最大值	观测数
控制变量	R&Dexpenditure	79. 9063	12. 4433	22	105	3382
	ResearchersinR&D	0. 7671	0. 9504	0. 0061	4. 8353	3382
	FDI	1217. 7340	1711. 2470	4. 8353	9117. 7930	3382
	Open	3. 2555	7. 0850	−55. 0655	198. 5729	3382
	Patent	80. 2236	55. 5996	9. 1057	562. 0604	3382

6.3.3　计量结果分析

利用 Frontier 4.1 软件包对式（6-15）和式（6-16）进行估计，估计结果见表 6-3。表 6-3 左边给出了超越对数生产函数的估计结果，其中 LAG（n）表示投入产出的滞后阶数，右边部分使用传统柯布—道格拉斯生产函数进行稳健性检验。根据似然率（LR 检验）结果，可以判断在 1% 的显著性水平选择使用 SFA 估计结果是有效的。而且在滞后阶数的情况下，γ 统计值均在 0.7 以上，说明滞后阶数的改变并没有影响长期投入产出的关系。利用超越对数函数对总产出及投入进行估计时，劳动力（$\ln L_{it}$）与资本（$\ln K_{it}$）的一、二次项系数均为正且显著通过检验，表明了考察期内投入与产出存在着"U"形关系，与一般生产理论一致。

从对技术进步的影响因素结果来看，随着滞后阶数的增加，所有变量对生产效率的影响持续增加。从核心变量的估计结果来看，语言难度通过人力资本的作用对生产效率具有正向影响且显著通过检验，表明在人力资本一定的情况下，语言难度的变化对于技术扩散形成了不同的结果：当语言难度增加时，人力资本对于技术的吸收能力有所降低，企业不得不花费更多的费用在技术员工的培训上，因而使得生产效率降低；而当语言难度降低时，人力资本对于技术的吸收能力提高，因此生产效率会迅速提高。同时，随着滞后阶数的增加的回归结果表明，语言难度对于生产效率的影响存在着长期作用，而这一机制长久以来被学者所忽视，因此在进行技术引进时，不但要考虑人力资本投资，而且要重视一国的语言难度做出合适的决策。

从控制变量的估计结果来看，研发人员、R&D 投资、FDI 以及对外开放度对于技术进步的影响是正向的，这与传统的关于技术进步的影响因素理论一致，只是在滞后 1 期的情况下增加，R&D 投资与 FDI 对于技术进步的影响不再显著，但估计结果仍然为负，从整体来看，控制变量对于技术进步仍然有长期影响。

表6-3 随机前沿模型估计结果

被解释变量	产出（lnGDP）			
	超越对数生产函数		稳健性检验（C-D 生产函数）	
滞后阶数	LAG（0）	LAG（1）	LAG（0）	LAG（1）
常数项	1.5799 *** (0.2738)	1.9315 *** (0.1033)	1.1272 *** (0.1013)	1.1208 *** (0.1043)
lnL	0.5526 *** (0.0562)	0.5797 *** (0.0523)	0.2082 *** (0.0106)	0.2095 *** (0.0107)
$[\text{lnL}]^2$	0.0885 *** (0.0127)	0.1034 *** (0.0027)	—	—
lnK	0.3799 *** (0.0606)	0.2847 *** (0.1975)	0.7527 *** (0.0105)	0.7527 *** (0.0107)
$[\text{lnK}]^2$	0.0793 *** (0.0096)	0.0964 *** (0.0325)	—	—
$[\text{lnK}] \times [\text{lnL}]$	-0.0781 *** (0.0105)	-0.0911 *** (0.0054)	—	—
无效率的影响因素结果				
lnDIFF×lnH	-0.3534 *** (0.0752)	-0.1957 *** (0.0548)	-0.1572 *** (0.0763)	-0.1738 *** (0.0759)
Lnresearcher	-0.0324 *** (0.0056)	-0.0294 *** (0.0059)	-0.0398 *** (0.0059)	-0.0396 *** (0.0059)
lnRD	-0.0388 ** (0.0302)	-0.0072 (0.0109)	-0.4474 *** (0.0663)	-0.4396 *** (0.0675)
FDI	-0.0032 ** (0.0021)	-0.0044 (0.0461)	-0.0090 *** (0.0038)	-0.0095 *** (0.0041)

续表

被解释变量	产出（lnGDP）			
	超越对数生产函数		稳健性检验（C-D 生产函数）	
滞后阶数	LAG（0）	LAG（1）	LAG（0）	LAG（1）
Open	−0.0024***	−0.0022***	−0.0007***	−0.0008***
	（0.0003）	（0.0002）	（0.0003）	（0.0003）
常数项	0.6220***	0.4533***	0.8600***	0.8705***
	（0.0481）	（0.0330）	（0.0568）	（0.0579）
σ^2	0.1845***	0.1767***	0.2066***	0.2043***
	（0.0055）	（0.0167）	（0.0085）	（0.0084）
γ	0.0770***	0.7940***	0.3654***	0.3593***
	（0.0175）	（0.0723）	（0.0458）	（0.0465）
Log 函数	−248.1950	−210.0677	−1487.1722	−1431.1574
LR 检验	264.1983	254.2380	246.2951	240.8122

注：*、**和***分别表示在10%、5%和1%显著性水平上显著，括号内为标准误。

6.4 语言对实际产出的实证分析

6.4.1 语言政策对实际产出的影响

语言通过改变人力资本的吸收能力来提高交易效率，从而影响了实际产出和经济增长。根据这一理论，我们利用面板数据的估计方法，利用交互项 lnDIFF×lnH 对语言影响经济增长进行实证检验。表6-4给出了语言难度对实际产出的估计结果，lnDIFF×lnH 这一项系数显著为正，表明语言能够通过人力资本的吸收作用对实际产出产生影响，当国家间语言的相对难度降低时，能够促进人力资本对于技术的吸收作用，并通过技术创新带动经济增长。考虑语言与人力资本作用的长期性，我们还估计了当期语言政策对未来实际产出的影响，随着滞后阶数的不断增加，语言对实际产出的影响作用越来越强。

表 6-4　语言政策对实际产出的影响

被解释变量	lnGDP	lnGDP	滞后 1 年	滞后 1 年	滞后 5 年	滞后 5 年
模型	（1）	（2）	（3）	（4）	（5）	（6）
解释变量	OLS	FE	OLS	FE	OLS	FE
lnDIFF×lnH	3.2846 ***	1.9130 ***	3.3261 ***	1.5288 ***	3.5752 ***	−0.0219
	（0.1381）	（0.0434）	（0.14093）	（0.0615）	（0.1601）	（0.1294）
lnk	0.6446 ***	0.4805 ***	0.6431 ***	0.5209 ***	0.6267 ***	0.6540 ***
	（0.0102）	（0.0046）	（0.0105）	（0.0065）	（0.0121）	（0.0130）
TFP	0.8546 ***	0.8831 ***	0.8919 ***	0.7973 ***	0.9502 ***	0.0130 ***
	（0.0500）	（0.0084）	（0.0526）	（0.0117）	（0.0654）	（0.0217）
lnresearcher	0.0730 ***	−0.0065 ***	0.0716 ***	−0.0031 ***	0.0673 ***	0.0149 ***
	（0.0072）	（0.0018）	（0.0074）	（0.0025）	（0.0059）	（0.0050）
lnRD	−0.0349 ***	−0.0067 ***	−0.0354 ***	0.0010	−0.0398	0.0349 ***
	（0.0135）	（0.0030）	（0.0137）	（0.0042）	（0.0018）	（0.0087）
FDI	−0.0014	0.0005 ***	−0.0017	0.0002	−0.0025 ***	−0.0007
	（0.0016）	（0.0002）	（0.0016）	（0.0003）	（0.0017）	（0.0004）
Open	0.0422 ***	0.0093 ***	0.0381 ***	0.0104	0.0217	0.0451 ***
	（0.0147）	（0.0046 ）	（0.0149）	（0.0064）	（0.0169）	（0.0123）
常数项	0.2394 ***	3.0760 ***	0.2116 **	2.8156 ***	0.2699 ***	2.0583 ***
	（0.1113）	（0.0616）	（0.1142）	（0.0619）	（0.1324）	（0.1243）
观测值	2009	2009	1943	2009	1678	1678
R^2	0.9165	0.9685	0.9196	0.9685	0.9114	0.7940

注：*、** 和 *** 分别表示在 10%、5% 和 1% 显著性水平上显著，括号内为标准误。

6.4.2　工具变量的估计结果

由于语言因素像所有文化因素一样都具有内生性，所以我们利用跨国数据去估计语言政策与长期经济增长的因果影响时就无法确定它们的反向因果关系。事实上，由于经济技术的发展与文化的扩张，语言难度是会发生微弱变化的。比如，随着量子力学与计算机科学技术的不断发展，通过编译大型翻译程序能够使语言的难度甚至趋于一致。而如果本国家/地区的文化扩张速度较快、程度较深，使得他国家/地区能够迅速接受这种语言，也能够降低语言之间的难度，从而造成本章模型的相对失效。然而我们更感兴趣的是语言政策差异在多大程度上能够造成国家间经济增长的不同，因此我们首先使用混合 OLS 估计了语言难度通过人力资本影响经济增长的大小，随后利用二阶段最小二乘法来解决语言因素内生性的问题。为此我们必须设法找出一个与语言难度相关而与长期经济增长不相关的变量。我们引入各国家/地区托福考试成绩进行说明，各国家/地区的托福成绩汇总由 ETS 考试中心发布的成绩汇总报告整理而得。之所以采用各国家/地区托福考试成绩，一是因为托福考试在全球范围内展开，具有可比性，而如果采用其他如 JLPT（日本语能力考试）、TCF（法语能力水平考试），这些语言考试具有局部性，往往发生在考试组织国周边国家和地区而不具备全球可比性。二是语言考试最能体现语言通过人力资本的作用，这种成绩的变化往往取决于语言难度的变化和人力资本的大小。如图 6-3 所示的各国/地区托福成绩与教育投入以及语言难度等级的关系可以看到，托福成

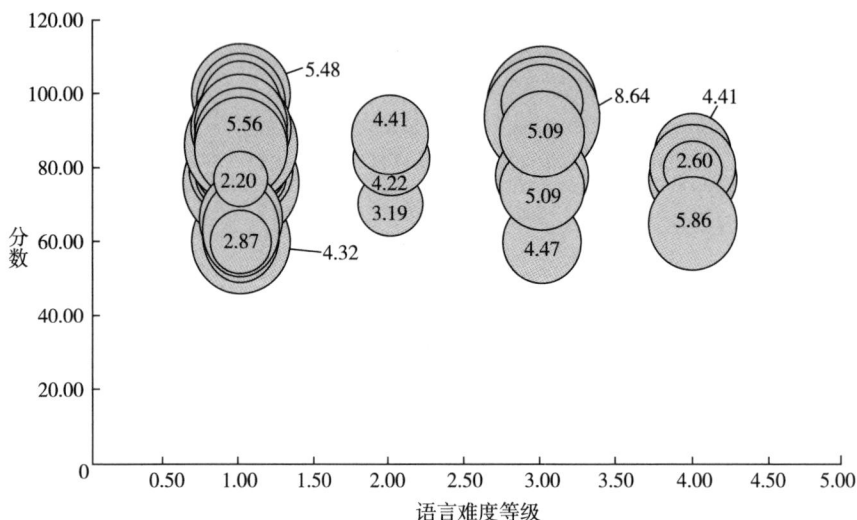

图 6-3　各国/地区托福成绩、教育投入与语言难度的相关图（2018 年）

绩取决于两方面的因素：一是语言难度等级，难度等级越大，成绩一般越低；二是教育投入水平越低，成绩一般越低。而从历年托福考试的成绩变化来看，随着时间的推移，语言之间的距离在逐渐缩短，如图 6-4 所示，2000 年各国家/地区的托福成绩明显低于 2018 年，正印证了国家/地区间的语言距离随着时间变化在发生变化。

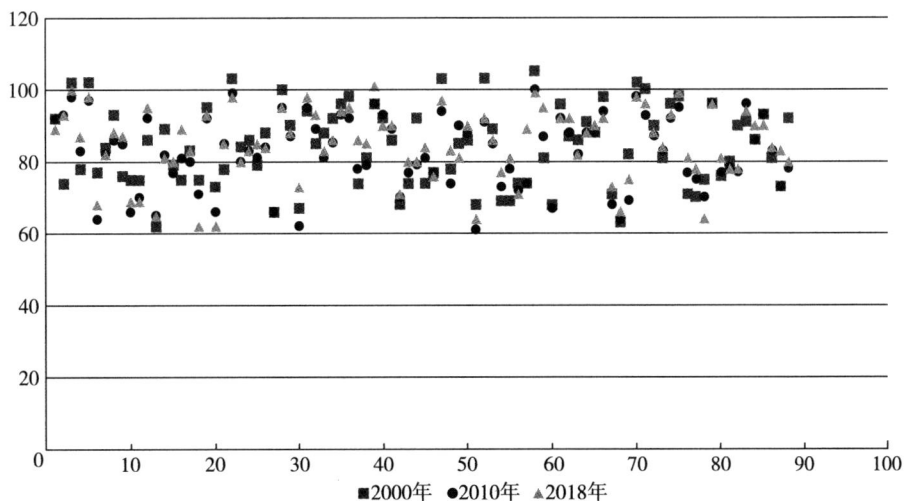

图 6-4 语言难度的动态变化（2000~2018 年）

关于托福考试的数据说明有三点：第一，ETS 考试中心从 1991 年开始发布上一年（月）的各国家/地区托福考试成绩汇总，因此我们的托福考试成绩数据从 1990 年开始；第二，托福考试改革经历了 PBT（纸笔测试）、CBT（电脑测试）以及 IBT（互联网测试）三个阶段，而各个测试的总分不尽相同，且 IBT 自 2005 年才开始被引入各国，至 2006 年普及全球，因此我们首先将不同时期的托福成绩统一换算成基于 PBT 下的标准成绩（以 2005 年北美学生考试成绩为基准）；第三，斐济、莱索托、纳米比亚从 1997 年开始不再参加托福考试，因此我们以其 1997 年前的平均成绩估计空缺成绩。样本描述统计见表 6-5。

表 6-5　样本描述统计

变量名称	平均值	标准差	最小值	最大值	观测数
TOEFL	549.56156	32.15920	460	620	3382

表 6-6 报告了以托福成绩的对数值（lnTOEFL）作为 lnDIFF×lnH 的工具变量的回归结果。模型（7）和模型（9）在考察工具变量对 lnDIFF×lnH 的影响时，lnTOEFL 的 F 检验显著地拒绝了该工具变量为弱工具变量的假设检验，说明弱工具变量的问题并不严重。模型（8）为 2SLS 的第二阶段估计结果，结果显示 lnDIFF×lnH 的系数仍显著为正，考虑异方差的问题，模型（10）利用两部最优法估计了以 lnTOEFL 作为 lnDIFF×lnH 的工具变量的回归结果，与模型（8）估计结果基本一致。因此，语言难度的高低能够强化人力资本的吸收效应，促进技术进步，从而带来长期经济增长。

表 6-6　2SLS 估计结果

模型	二阶段最小二乘估计结果		两部最优法估计结果	
	第一阶段 （7）	第二阶段 （8）	第一阶段 （9）	第二阶段 （10）
被解释变量 解释变量	lnDIFF×lnH	lnGDP	lnDIFF×lnH	lnGDP
lnTOEFL	0.2688 *** （0.0226）		0.2688 *** （0.0186）	
lnDIFF×lnH		1.9132 *** （0.1541）		1.9132 *** （0.1359）
lnk	0.0280 *** （0.0027）	0.4762 *** （0.0010）	0.0280 *** （0.0023）	0.4762 *** （0.0068）
TFP	-0.0699 *** （0.0052）	0.8862 *** （0.0185）	-0.0699 *** （0.0038）	0.8862 *** （0.0128）
lnresearcher	0.0105 *** （0.0009）	-0.0069 *** （0.0022）	0.0105 *** （0.0008）	-0.0069 *** （0.0024）

续表

模型	二阶段最小二乘估计结果		两部最优法估计结果	
	第一阶段 （7）	第二阶段 （8）	第一阶段 （9）	第二阶段 （10）
被解释变量 解释变量	lnDIFF×lnH	lnGDP	lnDIFF×lnH	lnGDP
lnRD	0.0061*** （0.0015）	-0.0063*** （0.0027）	0.0061*** （0.0015）	-0.0063** （0.0030）
FDI	0.0004*** （0.0001）	0.0006*** （0.0002）	0.0004*** （0.0001）	0.0006*** （0.0002）
open	0.0323*** （0.0026）	0.0103 （0.0089）	0.0323*** （0.0022）	0.0103*** （0.0067）
观测值	2009	2009	2009	2009
F	141.87***	8221.27***	207.84***	8221.27***
弱工具变量 F 检验	188.34***	—	188.34***	—
面板分组数	69	69	69	69
R^2	—	0.9685	—	0.9685

注：*、** 和 *** 分别表示在 10%、5% 和 1% 显著性水平上显著，括号内为标准误。

6.5　本章小结

本章通过对语言因素的分析，证明了语言难度可以通过人力资本的吸收能力来改变技术进步从而带来经济增长变化，拉近语言之间的难度系数成为顺势而为的政策。从全世界范围来看，语言政策对于经济增长的影响已经不言而喻。从亚洲的腾飞来看，先驱发达国家正是秉着"由文化到经济""由语言到技术"的这种观念，以通过不断的文化学习，使文化成为其经济腾飞的积淀。以日本、韩国、新加坡、中国台湾、中国香港等早一批经济发展的国家和地区来看，都大量地频繁地使用英语，不断地突破核心技术使其经济得到快速发展。中国也悄然开始进行大规模的英语学习，全民英语成为其走向世界的重要举措。这种以直接采纳别国语言的方式来降低语言难度的方式为我们带来了大量的语言红利，我们能够在诸如对外贸易、投资等方面获得较快的信息，从而有利于技术采纳和经济增长。然而，企图以非本国母语的语言作为第一语言而放弃母语所带来的文化底蕴与人文价值是不可取的，比如以简单语言作为经济增长的文化推动力显然带来了文化的覆盖日本的传统文化正在消失，而英语作为外来词占其整个日语词汇的1/3，日本人把英语当作流行而缺乏工具意识使得日语正在丧失着语言的主流地位。所以如何在维系本国文化精髓与人文价值的基础上带来技术扩散与经济增长，也是需要我们正视的问题。

语言是对外开放的文化窗口，因此在"十四五"规划当中，如何"完善文化管理体制和文化生产经营体制，建立健全现代文化市场体系，构建现代公共文化服务体系，提高文化开放水平"从而推动文化发展不应当仅仅只是对文化实体的强化和输出，更重要的是来自语言的国际推广。从我们加入了动态语言难度变化的情况下的回归结果来看，降低本国语言难度的方式是可行的。因此以语言红利创造文化价值输出的主要思路有：第一，以经济强国地位重振语言地位。纵观经济史我们可以发现，经济强国往往与国际货币、国际语言"三位一体"，货币和语言因为政治经济关系自然聚集在核心国周围，强化了国家的经济政治地位和文化地位。因而在当前"新常态"的经济状况下，以转变经济发展方式突破经济大国走向经济强国是必由之路。第二，以科技创新缩短语言距离。前文述及，语言距离并不是一成不变的，技术创新也会带来语言难度的改变。翻译算法的精进只能够提高翻译的效率而不能提升翻译的精度，通过平行语料库的建设才能够真正做到语言距离的缩短，因此需要我们加强大型计算机存储与演算技术发展，保证平行语料库的建设，从而缩短国家间的语言难度差距。第三，以文化产业输出促使语言演化。文化产业的输出不单单是文化实体的输出，更重要的是以语言为载体带来语言相对难度的降低。如不断地在海外加大语言的学习兴趣，创办孔子学院、建设丝绸之路等，让非母语的国家了解中国的文化传承与文化根基，从而带来语言难度的相对降低并促进语言融合，加快世界经济、文化的一体化进程。

第7章 语言政策与"中国奇迹"：基于高考英语测试改革的经验分析

在第 4~6 章中，我们从理论上以及跨国数据的经验分析中证明了语言政策影响经济增长的逻辑。从本章开始，我们将从理论走向实践，观察语言制度的安排对于中国经济增长的影响。在这里，我们首先将视野回归至中国的改革开放，这个创造了中国历史上经济高速持续增长的"奇迹"的变革不仅带来了先进的技术与丰富的资本，同时也将英语推向了中国语言学习的历史性舞台。依据第 3~6 章的分析，较英语来说，汉语不论是绝对难度还是相对难度都明显高于英语。根据前文的理论与经验，我们必定能捕捉到英语学习对于中国经济增长"奇迹"的影响轨迹。因此，在本章中我们将用观察到的英语学习事件来检验语言对于经济增长的影响。

我们认为，语言是促进一国内部以及国与国之间经济主体相互交流与沟通的关键工具，而语言学习能力的强弱则是体现一国经济"软实力"的重要特征。自"二战"以来，亚洲国家和地区纷纷对本国语言发展做了详细规划，尤其是将英语学习作为基本的政策之一，寄希望于通过语言学习的变革带来经济的快速发展。一个典型例子是战后经济迅速崛起的印度，印度将英语作为官方语言，在印度约有 1/10 的人口能够熟练使用英语，消除了与西方发达国家之间交流与合作的语言障碍，为印度人才培养、科技创新等领域的发展提供了最直接的有利元素，有效地促进了印度经济的腾飞。与此同时，尚在改革开放初期的中国，也试图通过培养高等教育人才的外语能力来提高人力资本，以适应经济发展和科技进步的需要，于是在中国最重要的人才选拔方式——高考中启动了英语标准化测试（NMET）改革，从而带动了"外语热"浪潮的出现，而且英语教育的广泛化、低龄化、基础化特征也日趋明显。

显而易见，高考英语测试改革对于提高高等教育人才英语水平具有显著的促进作用，然而，外语学习政策的改革对我国经济发展究竟有着什么样的作用？其内在的逻辑机理又是什么？遗憾的是，现有文献不仅没有对上述问题给出系统的回答，甚至呈现出相左的研究结论：从积极层面来看，国家外语学习政策改革是促进我国经济快速发展的有利因素，如学者左秀兰（2006）、郝成淼（2014）等认为，外语学习政策的调整恰恰是形成国际经济交往的驱动因素，有利于深化国家之间经贸等多领域的交流与合作。同样，围绕语言学习政策调整而兴起的语言产业对 GDP 的增长贡献接近1%（苏剑，2014），不仅如此，从人力资本视角来看，外语学习对于城市中劳动者的收入回报率达到了70%，对于提高劳动者收入水平有显著的促进作用（刘泉，2014）。

从消极方面来看，外语学习政策的偏向加剧了社会的不平等，对经济发展有抑制作用，比如刘世生（2004）较早指出外语改革致使汉语学习随着教育阶段的提升而显著下降，造成了高等教育中"重外语轻母语"的现象，加剧了西方文化对本国文化的威胁，文化冲突加剧，不利于经济社会的稳定与繁荣。而且从国际范围比较来看，在掌握外语就能够带来额外的收益的条件下，广泛地使用外语不但会导致语种之间的不平衡，还会造成语言人权、社会不平等一系列问题，不利于经济社会的和谐发展（Tsuda，2008）。从上述分析来看，现有文献更多是从语言政策的结果来判断外语学习政策变革对经济发展的影响，但对于语言学习变革影响经济发展的内在逻辑却鲜有研究，尤其是改革开放以来研究学界对英语学习政策调整与我国经济增长关系问题给予了较少的关注。当然已有学者如 Dustmann（1994）、Edward（1995）、Bleakley 和 Chin（2004）、Gonzalez（2005）、张卫国（2011）、刘泉（2014）、赵颖（2016）等从语言竞争力和人力资本角度探讨了外语学习对居民收入的积极作用，他们通过微观调研问卷，进一步实证证明了在多语并存的国家，拥有双语的个人要比那些没有的在劳动市场的竞争力更大，获得的收入也较高，尤其是拥有英语能力与劳动者收入的关系更密切，在考虑了内生性问题等情况下，这些结论依然成立。然而这些研究并没有进一步深化外语学习与宏观经济发展的作用机理，一定程度上使我国语言政策的调整始终缺乏一个明确的方向。虽然张卫国和孙涛（2016）以托福成绩为测度国民英语能力的指标，从宏观角度考察了其对国际贸易的影响，但是仅仅考虑托福成绩作为国民英语能力的代表，很可能会高估劳动者实际英语能力，从而产生有偏估计。另外，在当前国际政治经济一体化以及全球经济增长趋缓的背景下，深入探讨语言学习政策与经济增长的逻辑，对于我国外语学习政策改革方向的设定以及创新型经济发展战略的实现均具有重要的促进作用与意义。

基于此，本章试图以我国高考英语改革为例，分析外语学习政策改革事件对我国经济增长的影响机理，为新常态背景下我国外语学习战略规划的最优决策以及语言红利的释放所选择的路径与方向提供理论依据。本章将从以下几方面进行分析：第一，通过典型事实描述与理论机理分析，阐述我国外语学习政策调整的历史进程；第二，分析外语学习政策影响经济增长的逻辑机理，即外语学习政策改革能够通过提高市场主体外语能力，从国际贸易、FDI 以及技术创新三个路径促进经济增长；第三，利用双重差分方法对外语学习政策改革对经济增长的影响进行检验，并利用安慰剂检验、反事实检验以及工具变量对外语学习政策改革与经济增长的逻辑关系进行检验，深化外语测试改革与经济增长逻辑的分析。较之于以往文献，我们不仅评估了外语政策改革的增长效应，同时对我国外语学习整体改革影响经济增长的路径进行检验和分析，证明了语言制度安排之于地区经济增长的重要意义。

7.1　典型事实描述与理论机理分析

7.1.1　从高考英语测试改革看外语学习政策的历史沿革

英语学习是我国基础教育的重要环节，英语测试门类繁多，主要包括：第一，由我国教育部考试中心组织的为中学生升学的会考英语、高考英语；为大学生提高英语水平的四六级英语和专业四级、八级英语。第二，由英语类国家的考试中心准备的仅为出国水平测试的 TOEFL 和 ILETS 等英语测试。它们都为我国英语学习提供了丰富的测试内容，督促学生们进行英语学习。然而在这些英语测试当中受验人数最多①、测试水平适中②的要数高考英语测试。与其他外语测试不同的是，高考英语测试不但担负着对学生高信度的普通英语水平测试，而且承担着选拔人才的重要手段，因而相比于其他外语测试来说，高考英语测试的改革更能够促使普通劳动者参与外语学习，为其外语能力水平的提高提供了政策约束。随着国家发展目标的转型，我国外语学习政策也在发生着深刻的变化，而其中高考英语测试改革作为新中国成立以来最大的外语学习战略部署，可谓是我国外语学习政策调整的"风向标"，不仅引领着其他语言考核体系的变化，也为国家发展所需人才储备的建设发挥着积极作用。纵观我国高考英语测试改革演变历程，主要分为以下三个阶段：

第一阶段是外语学习测试恢复阶段（1978~1984年）。为了适应改革开放发展战略的要求，1978年作为高考重新恢复的开局之年，这一年教育部将外语考试的语种定为英语、俄语、法语、德语、日语、西班牙语、阿拉伯语语，但是外语考试成绩不计入总分；从1979年起，为了进一步提高高等教育人才的外语能力与外语水平，教育部规定如若报考重点院校，外语成绩按10%计入总分（国务院批转《教育部关于1978年高等学校和中等专业学校招生工作的意见》），同时也大范围在中小学推广外语教育；之后，1980~1982年作为外语考试推行的过渡阶段，外语高考成绩计入总分的比例逐步从30%提高至70%；从1983年开始，报考所有院校外语成绩都按100%计入总成绩。从考试规模来看，自从把外语成绩计入高考成绩之后，英语考试的人数规模迅速超过了其他语种的外语考试，而且人数也呈现出较快的增长趋势，因此针对英语高考考试的改革也逐渐被提上日程，如何设计合理的测试模式，为我国经济发展战略实施提供充足的人才，就成为后来外语学习测试政策调整的焦点。

第二阶段是外语学习测试标准化阶段（1985~1998年）。在这一时期由于经济开放也处在探索阶段，保证高等教育人才能够满足沿海地区开放经济发展的需要，就成为外语学习政策调整的重要目标。于是从1985年开始，首先以

---

① 根据中国教育网和ETS考试中心的数据，1985年全国高考人数约为176万人，至2014年上升至851.6万人。而托福考试至2014年中国考生约为50万人，全球考生约为2500万人。雅思考试至2016年全球考生约为150万人。

② 以词汇量为考试难度标准之一，中考英语词汇量要求约为1500~1600，高考约为3000~3500，四级英语约为4000~4500，IELTS/IBT约为8000~15000。

广东省为试点单位，从考试题型、词汇大纲到考试说明都做出了全面调整，从此拉开了英语测试标准化改革的序幕。其后在1986年又选取山东、广西、辽宁参加英语标准化测试试点，最后于1989年教育部正式要求英语标准化考试在全国范围内实施。在这一阶段，不仅考试题型从简单的词汇和作文扩展到选择、完形填空、阅读等多种形式，而且从词汇大纲和英语教材上都做了大幅度调整，和语言测试恢复阶段相比，标准化政策的实施更加强调了阅读、写作等能力的提高，外语学习的应用性得到进一步增强。通过标准化考试，为全社会公民外语学习提供了方向，保证了英语测试选拔人才的公平性与科学性，使高等教育培养的外语人才能够有效满足对外经济发展的需要。

第三阶段是外语学习测试完善阶段（1999年至今）。伴随着改革开放的逐步深入以及市场经济体系的确立，尤其是世界政治经济一体化趋势背景下，对外语人才的培养要求不再局限于读写能力与应试能力的培养，而是全面培养人才的"听、说、读、写"能力。鉴于此，1999年教育部出台新的高考英语改革方案，正式提出在英语标准化测试之外加入听力试验，以充分筛选出优秀的外语能力人才。此次改革试验，教育部仍以广东省为试验对象，同年高考中英语听力考试成绩以20%计入英语总成绩，次年教育部下发了《关于在普通高等学校招生全国统一考试外语科中增加听力考查的通知》，上海和浙江省开始在高考英语中加入听力理解题型；2001年全国卷以及自主命题单位纷纷加入听力考试，并计入总成绩，英语成绩也从原先的100分提高至150分，除试题形式更加多样化之外，考试内容涉及了西方国家文化、经济、科技等，考试难度也在逐年加大。此后，新的外语教学与考核体系基本成形，各命题单位在标准化英语测试基础上进一步深化完善，最终保障外语人才的选拔能够满足我国加入WTO以及"引进来、走出去"战略的需要。

从整个高考英语测试改革的历程来看，英语测试的标准化程度和内容深度均在不断提高，"听、说、读、写"的难度不断加大。当然，遵循高考英语测试改革的历史足迹，可以发现重大外语学习政策的调整均与我国经济发展的历史阶段存在密切的联系，尤其是在开放经济背景下，国民经济的发展迫切需要合适的语言为其服务，而外语学习政策的调整也恰恰有效地促进了我国经济全球化和一体化的进程。

7.1.2 外语测试改革影响经济增长的理论机理分析

高考英语测试改革通过标准化的测试，促使劳动者参与外语学习，为其外语能力水平的提高提供了政策约束。而在开放经济条件下，外语水平的提高又能够像人力资本积累一样对经济增长产生积极影响。具体来看，外语测试改革影响经济增长的机理可以归纳为以下三个方面：

第一，外语学习政策改革通过提高主体外语能力促进贸易规模扩张。不同国家主体间便利的外语交流是国际贸易合作的前提，而国别之间语言差异是制约贸易发展的首要障碍。贸易国之间语言的差异，导致贸易双方的税收成本提高了7%，近乎与关税壁垒或者信息成本相等（Anderson & Van Wincoop，2003），而且随着语言差异程度的扩大，贸易成本呈现出递增趋势（Guiso et al.，2009）。而中国在对外开放初期，由于语言差异造成了较大的贸易壁垒，严重影响到我国贸易规模的扩大（李景峰和刘英，2004；宁继鸣，2008）。为了降低语言差异对国际贸易的影响，我国教育部门主动推进英语学习政策改革，积极提高居民的外语能力水平。通过外语政策的实施，我国经济主体外语水平有了明显提升，而在控制其他因素的情况下，外语成绩的提高显著地促进了我国贸易规模的扩展（苏剑，2013）。不仅如此，从国际比较来看英语能力的提高也是促进双边贸易量快速增长的重要因素（Kua & Zussman，2010）。所以，外语学习与测试相关政策的调整，激励了大量高素质人才积极提高其外语能力水平，为我国贸易规模的扩展创造了有利条件。

第二，外语学习政策改革通过提高主体外语能力吸引 FDI 流入。伴随着改革开放的逐步深入，越来越多的发达国家受中国优惠政策吸引进行投资建厂，然而语言的差异成为影响 FDI 引入的重要一环。由于与跨国公司母国语言存在较大差异，这无形之中增加了母国公司 FDI 引入的学习成本和培训成本，而且随着投资规模的扩大，伴随着语言不同而引发的母公司与子公司间出现委托—代理、激励不相容等复杂问题，会增加跨国公司治理成本，最终制约 FDI 绩效的提高（Dow & Karunaratna，2006；殷华方和鲁明泓，2011）。为应对该方面的不足，在外语学习政策的影响下，我国市场主体的外语水平有了全面提升，这为西方发达国家的 FDI 引入创造了良好的环境，不仅有效降低了投资过程中信息不对称存在的可能性,也提高了跨国公司对本国的文化认同,为我国 FDI 的增长创造了条件(顾国达和张正荣,2007)。因此,可以看出外语学习政策的调整,通过全民外语水平的提高优化了 FDI 引入的市场环境,最终为我国开放经济的发展注入了新的增长动力。

第三,外语学习政策改革通过提高主体外语能力促进技术创新与扩散。在全球化背景下,高水平技术专利与研究论文几乎全部倾向于英语发表和英语搜索,而本国英语能力的高低将直接影响到对先进科技的吸收与应用转换。以西方国家为例,在不考虑地理等外部因素条件下,英语学习的普及提高了西班牙技术吸收能力(Keller,2002)。相反,在巴拉圭由于缺少有效的英语学习和沟通,使语言障碍成为抑制信息与通信技术(ICT)扩散的重要因素,严重阻碍了 ICT 技术在该国的扩散进程(Matteo & Sebastián,2012)。国内学者宾建成和徐清军(2007)通过比较英语国家和非英语国家的经济增长绩效之后发现,英语的广泛使用对信息技术的吸收和应用起到了非常重要的促进作用,进而拉大了英语国家和非英语国家经济增长的差距。然而创新主体存在这样一种趋向,即偏好于吸收并使用与自己语言相似国家的技术(Kerr,2008),像我国在改革开放阶段,特别需要通过引进西方发达国家技术拉动我国经济快速增长,这就要求我们必须进行外语学习政策改革,主动提高经济主体外语能力水平,通过强化技术吸收能力,实现经济增长方式从要素驱动向创新驱动转变。

基于上述分析,可以归纳出外语学习政策的改革和调整主要通过国际贸易、FDI 以及技术创新三个路径对经济增长产生积极影响,然而是否历次外语学习政策改革均通过三条路径对我国经济发展产生积极作用,还需要通过下文计量模型进行进一步检验和分析。

7.2 计量模型设定与变量说明

7.2.1 模型设定

在上节理论分析的基础上,我们利用中国省域数据就英语改革对中国经济增长的影响进行经验刻画，根据中国高考考试改革的实践历程，英语标准化考试改革1985年首先在广东试点，1986年在山东、广西、辽宁三省开始推广，1989年推广至全国。基于此，我们引入虚拟变量D_{1it}，表示外语学习政策的变化。作为中国改革开放以来最大的语言教育战略，高考英语改革不仅是英语学习的"风向标"，更为我们提供了一个"准自然实验"，因此我们利用双重差分（DID）的估计思想来进一步评估高考英语改革事件对于中国经济增长的净效应。由于考虑了英语改革的滞后效应，在双重差分模型中加入高考英语改革事件的滞后变量，评估其对经济增长的动态作用。为了分离其他因素对地区经济增长的影响，获得高考英语改革实验组经济增长的"净影响"，双重差分计量模型设定为：

$$y_{it} = \alpha_0 + \alpha_1 D_{1it} \times T_{1it} + \sum_{j=1}^{M} \beta_j X_{1it} + \mu_t + \lambda_i + \varepsilon_{it} \qquad (7-1)$$

式（7-1）是利用双向固定效应模型构成英语标准化改革事件（D_1）对经济增长影响的双重差分模型的估计式，其中y_{it}为省域人均实际GDP，T_{it}代表分组变量，$T_{it}=1$是英语标准化改革事件的处理组，而$T_{it}=0$则是控制组；D_{1it}代表英语标准化改革事件的时间虚拟变量，$D_{1it}=1$是英语标准化改革后的年份，而$D_{1it}=0$则是英语标准化改革前的年份；$D_{1it} \times T_{it}$即为双重差分变量，当其系数显著为正，则说明英语标准化改革事件对于经济增长的影响是正向的；反之当其系数显著为负，则说明英语标准化改革事件对于经济增长的影响为负。X_{it}是一组控制变量，主要包括贸易交流、技术创新、FDI、人力资本、物质资本以及城市化率对于经济增长的影响。μ_t表示个体效应，λ_i表示时间效应。

7.2.2　变量说明与数据来源

本章使用中国1978~2003年的省域数据评估英语考试改革对于中国经济增长的影响，我们除去了西藏、香港、澳门以及台湾，由于重庆市在1997年前依然归属于四川省，为了将四川省和重庆市区分开来，1997年前四川省的数据剔除了重庆市。分省数据主要来源于《中国统计年鉴》《新中国60年统计资料汇编》以及各省的统计年鉴和统计公报，其中，被解释变量为人均实际产出 Y，我们以 1978 年价格水平为基期，利用分省 GDP 指数和名义 GDP 先计算出分省 GDP 平减指数，再对各省名义人均 GDP 进行折算。

控制变量：①贸易水平：使用人均实际贸易额 Trade 这一指标作为贸易水平的变量，利用各地区的进出口贸易总额除以劳动力人数代替，由于报告值为美元，我们先用当年汇率折算成人民币，再利用 GDP 平减指数进行折算。②外商直接投资水平：使用人均实际外商直接投资 FDI 这一指标，利用各地区报告的外商直接投资除以劳动力人数代替，并利用 GDP 平减指数进行折算。③技术创新水平，使用人均研发支出 Tech 这一指标作为技术创新水平的变量，我们使用各地区财政支出中的科技支出除以劳动力人数代替，并用 GDP 平减指数进行折算。④人均物质资本 k，我们依然按照永续盘存法的思想对物质资本进行估计，先利用公式 $K_{it}=I_{it}+(1-\delta)K_{it-1}$ 对总资本存量进行估计，其中 δ 表示固定资产折旧率，取 $\delta=0.05$，各省基期固定资本存量 $K_{i,1978}$ 计算公式为 $K_{i,1978}=I_{i,1978}/(g_i+\delta)$，式中 g_i 表示各省固定资产投资实际年均增长率，同时利用各省固定资产价格指数将历年投资额 I_{it} 转化为以 1978 年为基期的实际值，最后用资本存量除以同期劳动力人数 L。⑤人均人力资本 H，通过各地区高校在校学生人数占总人口的比重用来衡量地区人力资本水平。⑥城市化率（Urban）用各省历年城市人口与各省总人口之比表示。各变量统计描述见表 7-1。

表 7-1　各变量统计描述

变量名称	观测数	平均	标准差	最小值	最大值
人均实际产出 Y（元）	1110	4756.581	7747.859	175	75254.89
D_1	1110	0.714414	0.451896	0	1
人均研发支出 Tech（元）	1110	17.13403	69.73914	0.0745	835.7142
人均 FDI（元）	1110	174.0153	420.2857	0.1376	3982.437
人均贸易额 Trade（元）	1110	2770.406	9389.104	0.3554	91285.29
人均政府财政支出（元）	1110	807.0645	1492.691	1.2251	15687.17
人均物质资本 k（元）	1110	9794.846	15363.05	18.0776	107001.2
人力资本 H（%）	1110	0.00706	0.007549	0.0004	0.035786
劳动力 L（万人）	1110	439.5331	260.0915	40.51	1973.28
城市化率 Urban（%）	1110	0.368708	0.174678	0.076044	0.896066

7.3 实证结果分析

7.3.1 平行趋势假定的验证

为了利用 DID 方法估计英语改革事件对经济增长的影响，必须使处理组和控制组满足共同趋势的假设，即这些省市在未进行高考英语改革之前其经济增长的变动趋势一致。这是准自然实验对于样本要求"无关变异量"尽可能最小的要求。关于样本选择在事件（D_1）中参与 1985~1986 年英语标准化改革的省份仅有广东、山东、广西、辽宁四个省份，将其作为处理组，其余未在此时间内参与考试改革省份作为对照组，由于中国改革开放事件对经济增长的巨大影响，我们将样本时间范围定为 1978~2014 年；我们同时考察了在英语标准化考试改革前后控制组与对照组人均 GDP 均值的时间趋势（见图 7-1），

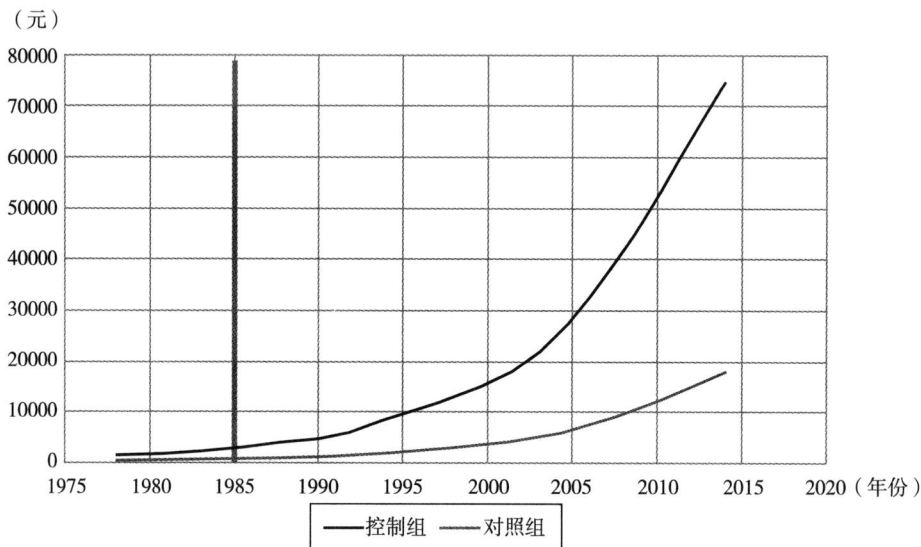

图 7-1 英语考试改革下的样本人均 GDP 均值的趋势

发现在英语标准化考试改革之前，基本满足共同趋势假定。为了控制其他因素对于人均 GDP 的影响，我们同时绘制了考虑其他控制因素下 GDP 的时间趋势（如图 7-2 所示），其中散点表示人均 GDP 的时间趋势，虚线则表示省级层面下标准误 95% 的置信区间。可以看出，在 1988 年之前，人均 GDP 的时间趋势并不显著，然而在英语标准化改革考试实施 3 年后，其对经济增长的正影响出现了，因此，在满足样本平行趋势的假定下，我们不但考虑了当年改革对经济增长的影响，而且考虑了英语考试改革政策的滞后效应。

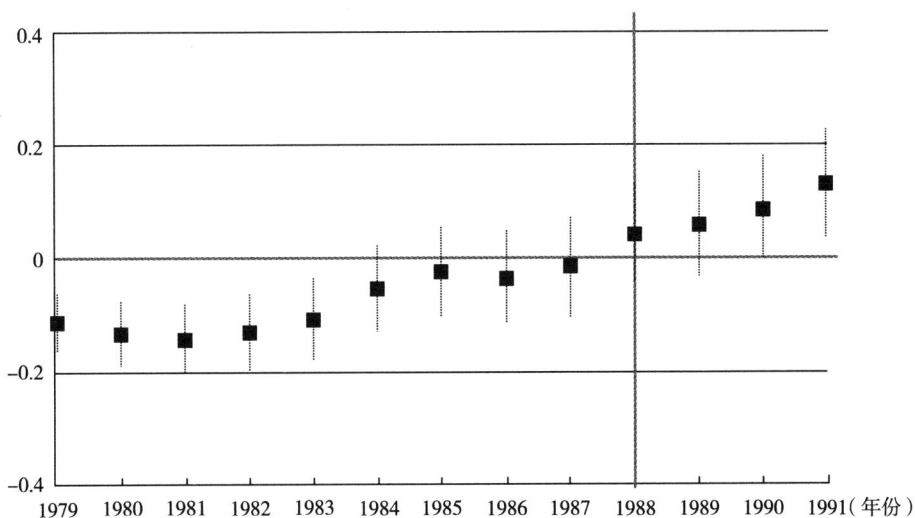

图 7-2　英语考试改革下的样本省级 GDP 的时间趋势

注：■表示人均 GDP 与时间的相关系数，即省域层面。

7.3.2　基准模型回归结果

表 7-2 报告了高考英语标准化测试改革事件对于经济增长影响的 DID 估计结果。模型（1）和模型（2）估计了英语标准化改革事件（D_1）对于经济增长的影响，伴随着控制变量的引入，其经济增长的作用显著为正，表明英语标准化改革能够带来经济增长。然而，从平行趋势的验证情况来看，英语标准化发生作用具有滞后效应，因此我们将自变量滞后 3 期重新估计高考英语标准

化测试改革对于经济增长的影响，结果见模型（3）和模型（4），伴随着控制变量的引入，其经济增长的作用显著为正，表明英语标准化改革能够带来经济增长。

表 7-2　高考英语标准化测试改革事件对于经济增长影响的 DID 估计结果

被解释变量	Y			
解释变量	（1）	（2）	（3）	（4）
$D_1 \times Treated_1$	1.9996 ***	0.1254 ***	—	—
	（0.2439）	（0.0363）		
$D_{(3)} \times Treated_1$			0.1585 ***	0.0947 ***
			（0.0254）	（0.0186）
lntech	—	0.0185 *	—	0.1128 ***
		（0.0107）		（0.0096）
lnFDI	—	0.0253 ***	—	0.0041
		（0.0046）		（0.0029）
lnTrade	—	0.1042 ***	—	0.0169 ***
		（0.0060）		（0.0048）
H	—	11.7030 ***	—	5.0398 ***
		（1.7267）		（1.2801）
lnk	—	0.40429 ***	—	0.2339 ***
		（0.0166）		（0.0135）
Urban	—	0.6082 ***	—	0.1460 **
		（0.0690）		（0.0634）
个体效应	是	是	是	是
时间效应	是	是	是	是
Cons	7.4685 ***	4.1140 ***	8.0062 ***	6.2923 ***
	（0.0444）	（0.0733）	（0.0214）	（0.1313）
Obs	1110	1110	1020	1020
R^2	0.0193	0.9830	0.7652	0.9362

注：*、** 和 *** 分别表示在 10%、5% 和 1% 显著性水平上显著，括号内为标准误。

众所周知，外语能力的提升总有一个漫长的过程，因此高考英语标准化测试改革对于主体英语能力的提高可能并不是一个立竿见影的效果，需要参加高考的学生在大学毕业后成为真正的人力资本进入经济增长模型中，从而使高考英语改革事件对于经济增长具有动态效应。因此，考虑英语改革的动态效应，我们将自变量滞后 4~10 期，并利用双向固定效应模型重新估计高考英语标准化测试改革对于经济增长的影响，估计结果见表 7-3。在样本区间内英语标准化改革事件对经济增长起到了显著的正向影响；考虑了英语改革促进英语能力提升的滞后作用，随着控制变量的加入，英语标准化改革对经济增长仍然起到显著的正向作用，然而其作用在滞后 5 期时达到最高，随后逐渐减弱，然而这种动态衰减效应可能的原因在于英语标准化测试改革仍处于完善阶段，在随后的历史进程中我们能够看到，高考英语测试被不断改革完善，总分也由 100 分逐渐增加至 150 分，正是这种不断的改革完善适应了经济增长的需要并推动地区经济进一步发展。

表 7-3　高考英语标准化测试改革事件对于经济增长影响的动态 DID 估计结果

被解释变量	Y						
解释变量	（1）	（2）	（3）	（4）	（5）	（6）	（7）
$D_{1(4)} \times \text{Treated}_1$	0.0993*** （0.0181）						
$D_{1(5)} \times \text{Treated}_1$		0.1055*** （0.0176）					
$D_{1(6)} \times \text{Treated}_1$			0.1052*** （0.0171）				
$D_{1(7)} \times \text{Treated}_1$				0.1007*** （0.0166）			
$D_{1(8)} \times \text{Treated}_1$					0.0895*** （0.0163）		
$D_{1(9)} \times \text{Treated}_1$						0.0744*** （0.0159）	
$D_{1(10)} \times \text{Treated}_1$							0.0644*** （0.0156）

被解释变量	Y						
解释变量	(1)	(2)	(3)	(4)	(5)	(6)	(7)
个体效应	是	是	是	是	是	是	是
时间效应	是	是	是	是	是	是	是
控制变量	是	是	是	是	是	是	是
Cons	4.9728 ***	6.3047 ***	4.9663 ***	6.4436 ***	5.0897 ***	5.1522 ***	6.7170 ***
	(0.2642)	(0.1319)	(0.0846)	(0.1322)	(0.0900)	(0.0940)	(0.1390)
Obs	990	960	930	900	870	840	810
R^2	0.9235	0.9306	0.9251	0.9195	0.9142	0.9105	0.9004

注：*、** 和 *** 分别表示在 10%、5%和1%显著性水平上显著，括号内为标准误。

为了厘清高考英语标准化测试改革事件对于经济增长的影响机制，我们检验了其对贸易水平、技术创新以及 FDI 的影响，检验结果见表7-4。表7-4 中模型 1~4 估计了高考英语标准化测试的三个经济增长影响渠道，高考英语标准化改革考试对于贸易水平、FDI 和技术创新的影响显著为正，表明高考英语标准化改革考试能够通过市场主体英语能力的提高促进贸易、技术创新和 FDI 的增加。模型 5~8 估计了滞后 4 期的英语标准化测试改革事件对于经济增长的影响机制。单独来看，高考英语标准化测试具有较强的动态效应，表现为滞后期的估计系数均显著高于当期系数，表明高考英语测试改革后培养的人力资本能够通过国际贸易、FDI 和技术创新对经济增长带来正向影响。

表 7-4　高考英语标准化测试改革的影响机制检验

被解释变量	Y							
解释变量	(1)	(2)	(3)	(4)	(5)	(6)	(7)	(8)
lntech×D_1	0.0410 ***			0.0312 ***				
	(0.0072)			(0.0087)				
lnFDI×D_1		0.0065 ***		0.0048				
		(0.0037)		(0.0048)				

被解释变量	Y							
解释变量	（1）	（2）	（3）	（4）	（5）	（6）	（7）	（8）
lnTrade×D_1			0.0114 *** (0.0037)	0.0118 ** (0.0051)				
lntech×$D_{(4)}$					0.0472 *** (0.0064)			0.0263 *** (0.0080)
lnFDI×$D_{(4)}$						0.0176 *** (0.0036)		0.0122 ** (0.0054)
lnTrade×$D_{(4)}$							0.0175 *** (0.0031)	0.0105 ** (0.0049)
个体效应	是	是	是	是	是	是	是	是
时间效应	是	是	是	是	是	是	是	是
控制变量	是	是	是	是	是	是	是	是
Cons	4.7268 *** (0.0554)	5.0184 *** (0.0565)	5.0126 *** (0.0562)	4.7162 *** (0.0570)	5.9944 *** (0.1432)	6.3143 *** (0.1331)	6.1968 *** (0.1319)	6.0906 *** (0.1484)
Obs	1110	1110	1110	1110	990	990	990	990
R^2	0.9425	0.9420	0.9399	0.9928	0.9372	0.9319	9308	0.9935

注：*、** 和 *** 分别表示在 10%、5% 和 1% 显著性水平上显著，括号内为标准误。

7.4　稳健性检验与计量结果的进一步分析

7.4.1　安慰剂检验

虽然我们对基本的模型进行了检验，但仍存在两个问题：一个问题是这些考试试点的地区语言改革对经济增长的影响，很有可能是反映了人力资本对经济增长的影响，因为能够成为英语改革试点的地区本身具有较高的人力资本。因此，为了甄别到底是人力资本导致经济发展在对照组与处理组之间产生了差异，还是本书考虑的英语学习政策改革产生的结果，我们假设所有地区的人力资本水平相同（均为各省人力资本水平均值 H_1 水平），从而构建本书第一个安慰剂检验。从表 7-5 左侧的检验结果来看，将各省区人力资本水平归为一致的情况下，其对经济增长的作用并不显著，表明高考英语标准化测试改革对于经济增长有着特殊的影响，而这些影响并不由各地区人力资本水平差异引起。

另一个问题是，除了高考英语标准化测试改革外其他的因素也有可能产生对地区经济增长的影响，从而造成政策效应的估计结果不够准确，为了排除这类因素我们将构建反事实作为第二种安慰剂检验，将高考英语标准化测试改革政策提前至 2 年和 3 年对其进行双重差分检验。估计结果见表 7-5 右侧，从构建的反事实情况来看，将政策时间统一提前 2 年或 3 年（D_2 和 D_3），高考英语标准化测试改革将对经济增长不产生显著影响，表明在这一阶段除了该改革事件，没有其他政策因素或随机因素对经济增长造成冲击。

表 7-5　高考英语标准化测试改革事件对于经济增长影响的安慰剂检验估计结果

变量	Y					
	安慰剂 1：人力资本				安慰剂 2：反事实估计	
	(1)	(2)	(3)	(4)	(5)	(6)
$D_1×H$	7.082*** (1.4471)		0.0027 (1.0938)			
$D_1×H_1$		-60.7830*** (17.5232)		-13.1511 (12.5023)		
$D_2×Treat$					0.0818 (0.0575)	
$D_3×Treat$						0.0808 (0.0601)
lntech			0.1308*** (0.0096)	0.1316*** (0.0096)	0.0782*** (0.0111)	0.0780*** (0.0109)

变量	Y					
	安慰剂 1：人力资本				安慰剂 2：反事实估计	
	(1)	(2)	(3)	(4)	(5)	(6)
lnFDI			0.0066 **	0.0060 **	0.0574 **	0.0573 **
			(0.0030)	(0.0030)	(0.0048)	(0.0045)
lnTrade			0.0178 ***	0.0170 ***	0.0753 ***	0.0702 ***
			(0.0043)	(0.0043)	(0.0096)	(0.0089)
lnk			0.2271 ***	0.2289 ***	0.3894 ***	0.3801 ***
			(0.0133)	(0.0133)	(0.0181)	(0.0154)
Urban			0.1657 **	0.1829 ***	0.3408 ***	0.3928 ***
			(0.0671)	(0.0670)	(0.0804)	(0.0760)
H					21.2679 ***	22.4829 ***
					(1.7869)	(1.7062)
Cons	5.9245 ***	5.9245 ***	5.0332 ***	5.0244 ***	3.8548 ***	3.9395 ***
	(0.0233)	(0.0232)	(0.0558)	(0.0559)	(0.0559)	(0.0902)
个体效应	是	是	是	是	是	是
时间效应	是	是	是	是	是	是
Obs	1110	1110	1110	1110	1110	1110
R^2	0.7912	0.7907	0.9401	0.9127	0.9749	0.9758

注：*、** 和 *** 分别表示在 10%、5% 和 1% 显著性水平上显著，括号内为标准误。

7.4.2　内生性检验

双重差分的估计模型假定，所有政策冲击均为外生冲击，意味着高考英语考试改革的试点政策发生前后应当不与当地经济发展互为因果关系，然而在我们的样本中，最有可能受到质疑的是，国家会考虑到所在省份的教育条件和经济水平来设立英语改革的试点地区，这意味着那些教育资源更为充沛、经济发展水平更好的地区，更容易被优先选择设立成为英语考试改革的试点区域。因而，可能存在反向的因果关系和遗漏变量问题。考虑到高考英语考试改革与经济增长的内生性问题，本书通过构建英语标准化考试改革的工具变量，采用二阶段最小二乘法对估计结果进行稳健性检验。从英语考试改革的试点规律来看，那些生源数量较多而本地高校较少的省份，由于其竞争压力更大，学生的成绩往往更高，在同等条件下其应试难度要高于其他地区，也因此更容易倾向成为高考英语标准化测试改革的重要试点区域。因此，我们构建了地区内高校数量与当年高中在读人数这一变量作为工具变量进行 2SLS 回归。很明显，这一变量与是否成为试点地区有很强的相关性，然而它与当地经济增长无关。这个影响关系可以简单地表示为：

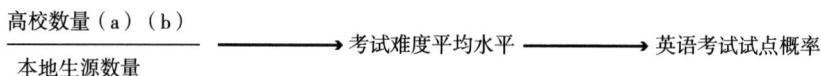

$$\frac{\text{高校数量（a）（b）}}{\text{本地生源数量}} \longrightarrow \text{考试难度平均水平} \longrightarrow \text{英语考试试点概率}$$

其中，关系（a）可以由图 7-3 的拟合曲线看出，从图 7-3 给出了各省高考理科一本分数线与当地考试总分的比例为替代指标的高考平均成绩与Ⅳ的拟合曲线，我们可以发现一个地区的生源数量占高校比例与地区的高考成绩呈现明显的正相关，当一个地区生源数量巨大而本省内部可吸纳的高校数量较小时，就会形成学生间的竞争效应，从而影响整个地区学生的学习成绩。关系（b）由图 7-4 可得，图 7-4 为近十年内各省平均成绩与总成绩之比，可以发现，成绩越高的地区往往是英语考试改革的试点区域。因此，利用地区内高校数量与当年高中在读人数构建英语标准化改革考试的Ⅳ，我们对上述双重差分结果进行稳健性检验，计量结果如表 7-6 所示，在一阶段回归中，Ⅳ与英语标准化试点显著相关，且弱工具变量 F 检验显著拒绝了该工具变量为弱工具变量的假设检验。经过工具变量的重新估计可以发现，英语标准化考试改革对于经济增长的影响系数，以及英语标准化考试改革通过技术创新、贸易水平与FDI 渠道对经济增长的影响系数较之前的回归系数变化不大，进一步表明本书的结果是稳健的。

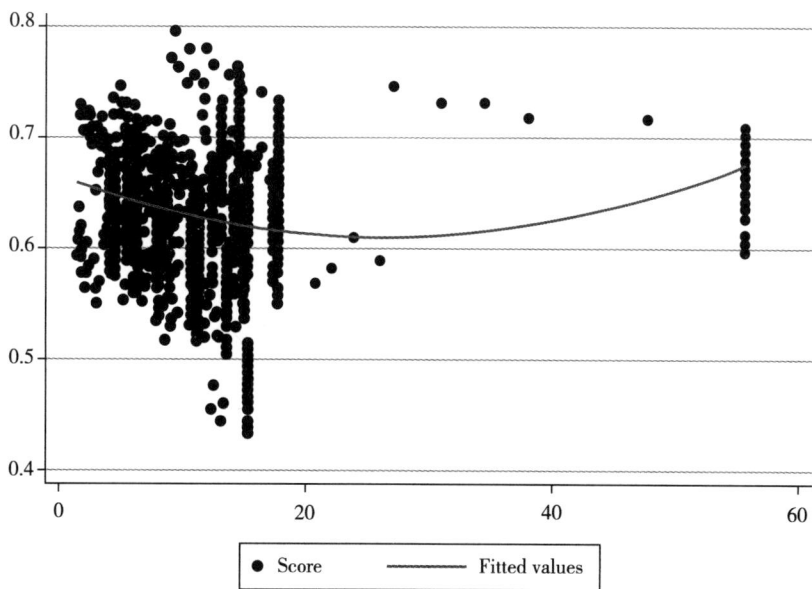

图 7-3 高考平均成绩与Ⅳ的拟合曲线

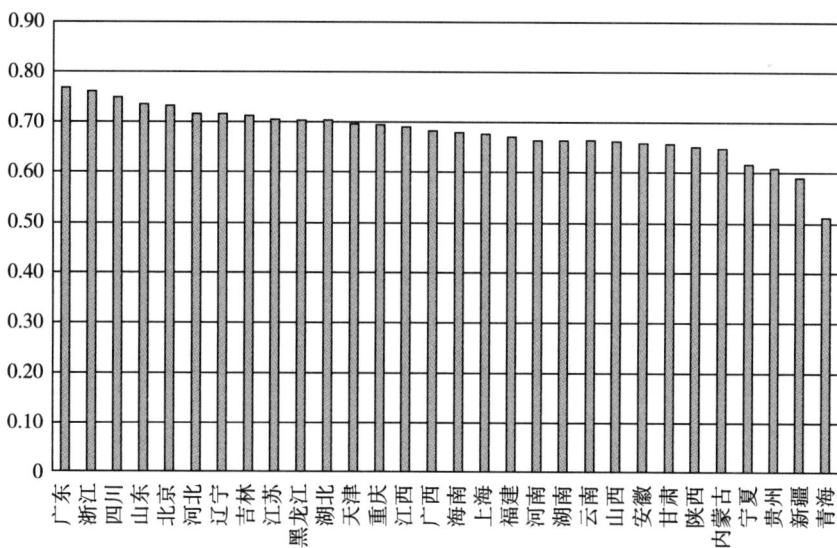

图 7-4 近十年内各省平均成绩与总成绩之比

表 7-6　高考英语标准化测试改革对经济增长的影响：2SLS 估计

被解释变量	Y			
解释变量	（1）	（2）	（3）	（4）
$D_1 \times Treated_1$	0.0632 *** (0.0028)			
lntech $\times Treated_1$		0.0783 * (0.0453)		
lnFDI $\times Treated_1$			0.0704 *** (0.0268)	
lnTrade $\times Treated_1$				0.0344 *** (0.0685)
个体效应	是	是	是	是
时间效应	是	是	是	是
控制变量	是	是	是	是
Obs	1110	1110	1110	144
R^2	0.9728	0.9776	0.9788	0.9567
一阶段回归				
IV	0.0058 *** (0.0019)	0.0513 *** (0.0077)	0.0845 *** (0.0157)	0.0331 * (0.0168)
Cragg-Donald Wald Fstatistic	8.99	44.88	29.12	13.89

注：*、** 和 *** 分别表示在 10%、5% 和 1% 显著性水平上显著，括号内为标准误。

7.5　高考英语测试改革影响经济增长的机制分析

7.5.1　计量模型设定

前文述及，由于英语考试改革提高英语能力主要通过外资、国际贸易和创新对经济增长产生影响，因而我们同时引入虚拟变量与上述三个主要解释变量的交互项，从而构成本部分计量模型，再次对上述计量结果进行稳健性检验，具体形式为：

$$y_{it} = \alpha_0 + \alpha_1 D_{1it} + \beta_1 D_{1it} \times \ln FDI_{it} + \beta_2 D_{1it} \times \ln Trade_{it} + \beta_3 D_{1it} \times \ln tech_{it} + \gamma_1 Z_{it} + \varepsilon_{1it} \tag{7-2}$$

其中，y_{it} 为人均产出；D_{1it} 为英语标准化改革事件的虚拟变量，用于刻画各地区是否进行英语标准化考试，$D_{1it} = 1$ 表示该地区在该年份进行了英语标准化考试，$D_{1it} = 0$ 则表示没有进行标准化考试。由于本书更关心外语学习政策是否通过外商直接投资、国际贸易和技术创新影响经济增长，因此我们引入 D_{1it} 与取对数值的人均 FDI、人均贸易额以及人均研发支出的交互项 $D_{1it} \times \ln FDI_{it}$、$D_{1it} \times \ln Trade_{it}$、$D_{1it} \times \ln tech_{it}$ 来刻画两次高考英语改革影响经济增长的机理。Z_{it} 为一组控制变量，主要包括人均物质资本 k_{it}、人均人力资本 H_{it} 和城市化率（$Urban_{it}$）。我们使用中国 1978～2014 年的省域数据评估外语学习政策转型对于中国经济增长的影响。

7.5.2 高考英语改革的事件估计结果

利用面板数据的回归方法对式（7-2）进行回归，估计结果如表 7-7 所示：模型 1～3 估计英语标准化改革事件（D_1）对中国经济增长的影响。可以看到，高考英语标准化考试改革通过国际贸易渠道影响经济增长的作用系数为正但并不显著；反之，随着控制变量的加入，英语标准化改革能够通过技术创新和 FDI 对经济增长起到显著的正向作用，说明在改革开放初期，通过英语标准化改革，市场主体的英语能力逐渐提高，一定程度上优化了我国引进技术和 FDI 的市场环境和语言环境，从而使技术溢出发生作用带来显著的经济增长。然而由于我国尚在改革初期，贸易壁垒的存在以及贸易政策的滞后使贸易成本问题凸显，掩盖了语言便利对于经贸交流的促进作用。

上述检验主要是从静态角度分析英语改革对经济增长的影响，同样考虑外语学习政策对经济增长可能存在滞后效应，我们对计量模型式（7-2）的解释变量做了相应的滞后，并重新进行估计以期考察英语改革对经济增长的影响。在样本区间内英语标准化改革事件对经济增长起到了显著的正向作用；在控制其他因素之后，英语标准化改革依然能够通过国际贸易、技术创新和FDI渠道对经济增长起到显著的正向作用，且这种动态影响相当显著，这不仅与上文估计结果一致，更进一步反映了外语学习政策调整之于中国经济发展的长期意义。

表 7-7　高考英语标准化测试改革事件对于经济增长影响的估计结果

被解释变量	Y					
解释变量	(1)	(2)	(3)	(4)	(5)	(6)
D_1	1.8500 *** (0.0496)	0.7272 *** (0.1020)	0.2107 *** (0.0510)			
$D_1 \times \ln Trade$		0.0177 (0.0228)	0.0270 (0.0109)			
$D_1 \times \ln Tech$		0.4218 *** (0.0155)	0.0832 *** (0.0102)			
$D_1 \times \ln FDI$		0.1468 *** (0.0139)	0.0692 *** (0.0067)			
$D_{1(4)}$				1.6996 *** (0.0430)	0.7058 *** (0.1097)	0.1241 *** (0.0374)
$D_{1(4)} \times \ln Trade$					0.0059 (0.0250)	0.0146 * (0.0080)
$D_{1(4)} \times \ln Tech$			27.8817 *** (1.9571)		0.3681 *** (0.0199)	0.0343 *** (0.0072)
$D_{1(4)} \times \ln FDI$			0.3549 *** (0.0097)		0.1623 *** (0.0151)	0.0264 *** (0.0050)
控制变量	否	否	是	否	否	是
cons	6.3576 *** (0.0419)	6.3563 *** (0.0201)	3.8931 *** (0.0493)	6.7233 *** (0.1095)	6.7210 *** (0.0207)	3.0091 *** (0.0584)
F	—	13.3500	20.6200	—	13.6100	33.3500
Wald	1391.8200	—	—	1559.9500	—	—
R^2	0.5631	0.8995	0.9775	0.6190	0.8708	0.9874

续表

被解释变量	Y					
解释变量	（1）	（2）	（3）	（4）	（5）	（6）
Hausman	0.0100	36.6400 ***	31.4500 ***	0.0000	46.8800 ***	30.1700 ***
备注	RE	FE	FE	RE	FE	FE

注：*、** 和 *** 分别表示在 10%、5% 和 1% 显著性水平上显著，括号内为标准误。

7.6　本章小结

　　本章在选取中国省域数据基础上，利用 DID 分析方法和事件分析方法考察了外语学习政策改革对中国经济增长的影响。在理论机理层面，外语学习政策改革可以通过贸易水平、FDI 以及技术创新三方面路径对经济增长产生影响。然而实证研究显示，仅改革开放初期英语标准化测试政策的调整，显著地通过贸易、FDI 以及技术创新三方面路径促进了经济增长，进一步分析发现，英语标准化考试改革适应了改革开放初期寻求对外经贸合作的需求，通过释放语言红利优化了市场与投资环境，为经济增长创造了条件，但随着改革开放层次加深，原有语言红利的消退使英语听力考试的改革仅仅加大了学生应试的难度，而无法提高全民英语能力，使外语人才的培养与经济全球化的要求相背离，制约了此次英语考试改革对经济增长的积极影响。

　　基于上述结论，得到的政策启示主要包括：第一，外语学习政策调整的内容应该集中在加大英语能力教育而非英语测试的难度上，一方面在测试内容和形式上进行调整和完善，突出学习英语的应用能力，全面考察市场主体"听、说、读、写"的能力；另一方面在测试程序和环节上，突出外语培养的长期性，使外语人才的培养符合经济发展的需求，而非停留在应试层面，为开放型经济营造良好的语言文化环境。第二，加强外向型经济部门在职人员外语能力的培养，通过大众英语教育提高在职人员的基本外语素质，降低外向型经济部门人员之间的交流成本与管理成本，提高我国外向型经济部门在国际市场的竞争优势，发挥其对经济增长的拉动作用。第三，在外语学习政策的改革中应当正确处理外语与母语的对接关系，避免因文化冲突对经济发展的阻碍作用，一方面应当加强汉语翻译系统建设，提高双语理解的精度和效度；另一方面借助文化产业如丝绸之路、孔子学院等产业传播，鼓励汉语"走出去"，促进我国文化传播与经济发展。当然，考虑到贸易、投资等开放经济政策对语言红利的约束，还需要加强语言政策制定部门与对外经贸部门之间的沟通与协调，最终发挥外语学习政策对经济增长的促进作用。

第8章　语言政策与中国经济增长：
基于历史变迁的比较分析

在第7章中，我们以改革开放中的外语学习与"中国奇迹"的历史经验验证了语言政策对于经济增长中的意义，初步验证了第3~6章的基本理论。在本章中我们将视野进一步拓宽至中国的近现代的历史长河中，来观察语言政策的变迁对于中国经济增长的影响。中国经济的发展离不开制度变革，中国经济社会转型的背后是文化转型，而语言正是文化精神层面的主要表现形式之一，并随着一国经济与政治的不断发展，逐步作为综合国力"硬实力"的重要内容得到了政府和学界的普遍认可。当中国已经从传统农业文明转向工业文明、从融入全球化到主导全球化，语言文化也发生了从文言文到现代简体字、从"外语浪潮"重归"国学运动"的巨大转变。基于此，研究语言政策变迁与经济增长的关系问题就成为国内外学界普遍关心的热点和难点问题之一，也为语言经济学的兴起与发展提供了新的契机，尤其是在全球经济增速放缓的背景下，研究语言影响经济发展的逻辑机理不仅有利于解决中国当前经济与文化发展过程中存在的瓶颈问题，也是广大发展中国家实现经济发展、语言文化振兴的重要依据。

由于制度生成必定有语言的维度，那么制度必须经由某人的言说宣布或书写话语界定下来。如若文化能够对经济施加影响，那么语言作为文化最直接的符号，也必定能够施加于经济主体，从而在整个社会经济活动中扮演着重要的角色。同理，若以语言规范的变革来重新审视中国经济发展将是对中国经济发展问题研究的一个重要深化和拓展。经典的语言学家认为，语言反映了人们的思维方式，因此也可以看作是社会变革的一个重要标志。从汉语的行文规范来看，近现代中国发生了四次语言政策的变革：白话文运动、简体字运动、英文运动与国学运动。中国文化从以马克思主义、西方自由主义思想和传统儒家文化分裂对峙到三种思想文化融合，形成了新的儒家文化思想并走出国门。伴随中国语言的变革，同期中国经济也逐步从封闭走向开放、从贫穷走向富裕。

这一系列语言与经济历史的变革，也是一次各种制度冲突到融合的过程，因此如何讲述中国语言政策变迁与经济增长的历史演进，是一个重要且有趣的命题。它不但关乎中国过去的历史发展轨迹，也影响着中国未来的"文化自信"与文化复兴，然而传统学者较少关注到语言政策变迁与经济增长的关系。经济学者主要关注语言（文化）对于经济增长的影响，而语言学家则更关注语言的历史变革，然而如何用语言变革进一步解释中国经济增长转型的问题？显然将这二者融合在中国经济史研究中的文献相对较少。因此，本章试图将中国近现代的语言政策变迁置于中国经济发展的历史长河中，分析语言政策变迁与经济增长的关系，并借用现代政治经济学、制度经济学与语言学、心理学的相关理论，构建语言政策变迁与经济发展的作用机理框架。

本章将从以下几个方面分析：第一，从语言政策变迁的发展脉络与历史沿革看近现代中国经济的发展；第二，构建一个用于分析语言政策变迁影响经济发展的理论框架；第三，利用建国以来的数据实证检验语言政策的变迁对中国经济增长的影响。

8.1 中国语言政策变迁的发展脉络及历史沿革

以语言作为文化转型的主要手段可追溯至春秋战国时代，从秦始皇统一六国"书同文，车同轨，行同伦"开始，第一次简化了战国七雄"言语异声，文字异形"的复杂局面，将篆体作为书写语言。隋唐时期以科举制度规定了官方语言的文体、字体、格式等，用以统一官方语与地方方言的差异①。可以

---

① 这里指提供一系列韵书（包括《广韵》《集韵》《礼部韵略》等），唐代以《切韵》为主要韵书来要求韵律规则，极大地协调了南北声韵差异较大的问题。

说，中华历史上一次次的繁荣统一盛世之下都有语言改革伴随始终，显示了中华语言文字的博大精深和源远流长的历史轨迹。然而日益完善的封建社会体制使中华文字躺在了腐败的温床上，日趋严格的"八股文"不但扼杀了中国知识分子的思想，也阻碍了中国与其他国家的交流，昭示着中华文字即将迎来百年的曲折。伴随着资本主义世界的兴起，在船坚炮利的热武器碾压冷兵器并打开中国大门后，中国的封建体制开始动摇，中华文化被迫要求转型，与之适应的"迂腐且毫无生机"的中华文字甚至一度有被消灭的危险。近现代中国语言文化才开始进行了真正的改革：1919 年以《新青年》创刊为重要发端的白话文运动使中华文字第一次与世界接轨，"德先生与赛先生"打开了民主与科学的大门，民族工业发展迎来短暂的春天；新中国成立后至改革开放前夕，是中华文字的加速转型时期，简体字运动使国家面貌焕然一新，国人识字率不断上升，国内市场繁荣发展；改革开放后，面对纷繁的国际经济交往，中国人民开始以"英语"作为主要外语学习语言，"英语热"兴起，中国在国际市场中开始立足；21 世纪的开端，中国 GDP 仅次于美国位居世界第二，人均收入水平已经从"一穷二白"的发展中国家跃居至中等发达国家水平，中国人民在思考经济增长数量的同时开始反思经济发展，并践行以"国语、国学"为代表的文化自信，"丝绸之路"走向世界各地、"孔子学院"遍布五大洲数十个国家。语言政策的变化与中国经济增长互相扶植、互相影响。

8.1.1　"二战"前语言政策变迁与中国民族经济的春天：白话文运动（1919~1949 年）

明清开始，闭关锁国等一系列国策使封建主义制度达到了高度的稳定状态，资本主义萌芽出现，但在庞大的封建制度下发展缓慢，昭示着封建社会即将崩塌。肇始于 1840 年的鸦片战争以及其后多年的中外战争使中华民族认识到自己已经落后于世界其他国家，救亡图存使中华文化被迫要求转型，中国人民必须"开眼看世界"，然而传统的"君君臣臣、父父子子"等封建等级文化观念仍烙印在国人思维之中，部分原因在于传统文言文是独立于日常交流体系的一种语言，它复杂难懂，格式规范不容有变，严重禁锢了知识分子的思想与影响传播先进思想的效率，如傅斯所说：

"中国文人，每置文章根本之义于不论，但求之于语言文字之末。又不肯以切合人情之法求之，……字艰意晦，生趣消乏，真偈咒语之上选也。"[①]

在这里，文言文最重要的弊端在于它并不适合大众化的交流，中华文字本就是音义不同形，文言文不但在文法格式上有着严格的要求，甚至在语音语言上也较为复杂，造成字面意思与实际表达意思相去甚远，如鲁迅在《孔乙己》中描述"茴"字的多种写法，这对于在当时以扩大市场交易规模的经济发展方式是完全不利的，普通民众需要的是简单易懂的文字用于科学与民主、平等与自由的启蒙，用简单的语言文字进行市场交易，从而提高生存概率。在此情形下，需要一种比文言文简单易懂同时也能快速推广的语言，白话文运动应运而生，它是中国发展的需要，它简练、通俗易懂。以白话文运动为发端的文学革命，对传播新思想、繁荣文学创作、推广国民教育提高人力资本起到了重要作用。

基于此，1920年1月18日《小学国文科改授国语之部令》要求小学一、二年级改"国文"为"语文体"，1920年4月，教育部明令国民学校其他各科教科书也改用语文体。从此，白话文运动取得完全胜利。

成功的市场活动要求商业信息的畅通（罗斯基，2009），在农业方面由于交通运输与通信业的发展，市场信息的流通非常充分，白话文的出现使教育能够普及至普通民众及农民，在20世纪30年代，约有30%的人可以读写（Perkins，1975），由于普通农民能够获取大量有用的信息，因此能够更便利地获取种植农作物的方式以及技术手段等，也能够应付普通经济周期，从而获得收益。在工业方面，外国商人经营企业之初，由于中国普通员工能够顺利读写普通文字和进行交流传播，中国积攒了最初的原始资本以及丰富的产品和技术经验，为中国民族工业的发展奠定了基础。

8.1.2 新中国成立后中国的第一次语言政策变迁与新中国成立初期的发展：普通话推广（1949年至今）

1949年中华人民共和国成立，不仅在经济上建立了社会主义公有制为主

---

① 《新青年》第四卷第四号著文《中国学术思想界之基本误谬》。

的经济体制，在文化上也进行了以马列主义、毛泽东思想为基础的民族的、科学的、大众的社会文化改革，与之相适应，对国家的官方语言也进行了改革，初步形成了以汉字地位规划（以汉语语言为官方使用语言、多民族语言大融合）、字形规划（汉字简化与异体字统一）、字音规划（以拉丁字母为主的汉语拼音音注汉字）、字量规划（建立通用汉字表）、字序规划（汉字的笔顺与笔画）、字典规划（编写《新华字典》）、社会用字规划（规定地名用字简化与计量用字）、教育规划（大力推广汉语拼音）和传播规划（对外汉语传播）为主要内容的汉字规划立体系统（许念一，2010）。在上述语言改革当中，以简体字与汉语拼音标注为最重要的内容，1952 年文字改革研究委员会汉字整理组成立，开始着手拟定《常用汉字简化表草案》，1964 年出版 2236 字的《简化字总表》，即今天中国通行的简体字。汉字的简化消除了古代文言文中诸如"茴"字的多种写法与通假字的混乱，以拉丁文字母为汉语拼音形式并对汉字进行音注使普通话的迅速普及成为可能，尤其是在 1982 年修订的宪法中明确指出，"国家推广全国通用的普通话"，并定义普通话为"以北方话为基础方言、以北京语音为标准音、以典范的现代白话文著作为语法规范的汉民族共同语"（周有光，2009），这样中国终于形成了共同简化语的传播规范。

虽然在新中国成立初期中国经济还处于恢复之中，但简化字体的改革与普通话的推广无疑是在文化领域中给传统落后的生产方式以致命的一击，汉字简化与汉语拼音标注极大地提高了普通人的识字水平，有利于人力资本水平的迅速积累；以普通话代替传统方言的形式冲击着传统的等级观念与封闭主义思想，推动了国内市场的统一。普通话普及对于中国经济增长形成了重要的影响。众多学者开始研究方言（普通话）对于经济增长的影响，如陆铭和张爽（2007）、刘毓芸等（2015）、陈媛媛（2016）认为当人们讲同一种语言时就会有相同的身份认同，从而提高了个体与组织的社会资本并影响他们的劳动力流动与收入的提高，反之跨方言的存在则会影响劳动力的流动从而不利于地区经济发展；作为非正式制度的语言，它能够影响个体与组织的激励与行为，从而影响经济增长（陆铭和李爽，2008）。徐现祥等（2015）则认为，由于方言带来的理解障碍会增加人们社会交往中的心理距离，从而阻碍了信任、沟通与技术进步，不利于现代经济的发展，在控制其他因素情况下，消除城市中的方言多样性可将人均产出水平提高至原来的 30% 左右。

8.1.3 改革开放后的语言政策变迁与中国融入经济全球化：英文潮（1978 年至今）

20 世纪 80 年代以后，中国进入了改革开放时期。大量的国际经贸交流加速了中国现代化的进程，并引起人们价值观和行为准则的变化。物质资料的极大丰富与渴望与世界融合使中国人民开始频繁接触外语和外国思想，随着国家发展目标的转型，我国外语学习政策也在发生着深刻的变化，而其中英语测试改革作为新中国成立以来最大的外语学习战略部署，可谓是我国外语学习政策调整的"风向标"，不仅引领着其他语言考核体系的变化，也为国家发展所需人才储备的建设发挥着积极作用。

首先是正规教育体系的外语培训。为了适应改革开放发展战略的要求，1978 年作为高考重新恢复的开局之年，教育部将外语考试的语种定为英语、俄语、法语、德语、日语、西班牙语、阿拉伯语，但是外语考试成绩不计入总分；从 1983 年开始，报考所有院校外语成绩都按 100% 计入总成绩。1989 年教育部正式要求英语标准化考试在全国范围内实施。在这一阶段，不仅考试题型从简单的词汇和作文扩展到选择、完形填空、阅读等多种形式，而且在词汇大纲和英语教材上都做了大幅度调整，和语言测试恢复阶段相比，标准化政策的实施更加强调了阅读、写作等能力的提高，外语学习的应用性得到进一步增强。通过标准化考试，为全社会公民外语学习提供了方向，保证了英语测试选拔人才的公平性与科学性，使高等教育培养的外语人才能够有效满足对外经济发展的需要。伴随着改革开放的逐步深入以及市场经济体系的确立，尤其是在世界政治经济一体化趋势背景下，对外语人才的培养要求不再仅局限于读写能力与应试能力的培养，而是促进外语人才"听、说、读、写"能力全面发展。鉴于此，1999 年教育部出台新的高考英语改革方案，正式提出在英语标准化测试之外加入听力测验，以充分筛选出优秀的外语能力人才。英语成绩也从原先 100 分提高至 150 分，除试题形式更加多样化之外，考试内容涉及了西方国家文化、经济、科技等，考试难度也在逐年加大。此后，新的外语教学与考核体系基本成型，各命题单位在标准化英语测试基础上进一步深化完善，最终保障外语人才的选拔能够满足我国加入 WTO 以及"引进来、走出去"战略的需要。

其次是其他教育培训体系。与改革开放同时进行的是教育的开放，为了迎接来自中国的学术和工作人员，美国教育考试服务中心（ETS）于 1981 年首次登陆中国进行托福考试（The Test of English as a Foreign Language，TOEFL），为申请去美国、加拿大等地区的留学生提供英语评估测试，它首次使用了美国标准化测试试卷以及机读答题卡与听力测试，为中国本土举办的各种英语测试提供了改革的范本，随着托福的引进，GRE、GMAT、SAT 以及 TOEIC 等考试也陆续开始，为中国考生的外语水平提供了可参考的学习依据。1987 年雅思 IELTS（International English Language Testing System，国际英语测试体系）测试登陆中国为申请英国、澳大利亚、加拿大等高校的中国留学生提供英语测试服务。由这两个大型语言考试衍生了其他教育培训产业机构，如"新东方"（纽交所股票代码：EDU）作为我国最大的民间教育培训和服务机构，其市场份额占全国 50% 以上，尤其是在北京市场份额超过 80%。此外，环球雅思、ABC 外语学校、北外成功英语等私人培训机构如雨后春笋般林立，中国的"外语热"浪潮席卷全国。国内大型外语培训机构已超过 3000 多家，培训产业的年产值约为 300 亿元并有不断上升趋势。

从整个英语测试改革的历程来看，英语测试的标准化程度和内容深度均在不断提高，"听、说、读、写"的难度不断加大。当然，遵循英语运动浪潮的历史足迹，可以发现重大外语学习政策的调整均与我国经济发展的历史阶段存在密切的联系，尤其是在开放经济背景下，国民经济的发展迫切需要合适的语言为其服务，而外语学习政策的调整也恰恰有效促进了我国经济全球化和一体化的进程。此外，由于外语学习促使国人接触西方的"创新精神"与"市场精神"，为中国完善市场经济体系、促进经济发展奠定了文化基础。

8.1.4　进入 21 世纪的语言政策变迁与经济发展程度的提高：国学热潮（2000 年至今）

改革开放后中国进入了加速增长时代，2010 年中国 GDP 成功超越日本，跃居世界第二，然而伴随着经济高速增长下的困局，中国经济发展进入"新常态"，我们不但要关注经济增长发展的数量，也要看到中国经济增长中的结构变化、经济效率低下、社会福利分配不均、国民素质不高以及环境污染等问题，中国人民开始重新关注传统文化中的"忠孝礼仪仁智信""天人合一"等思想；与此同时当今世界也处在了变革与发展的时期，经济全球化的不断深入与知识技术爆炸，各种语言文化开始交流碰撞，文化软实力也成为综合国力的象征，一国的话语权与其官方语言紧密相连，在英文制霸中国近一个世纪后，面对经济增长的繁荣与经济发展的新局面，中国人民开始反思自己的母国文化与母语，并将之带向世界。

目前，全世界学习汉语的外国人数已超过4000万，全球有109个国家、3000多所高等学校都开设了汉语课程，各大洲纷纷建立了"孔子学院"与"汉语桥"传播中国传统文化。随着汉语传播途径的多样化、范围的广泛化，接受汉语学习的外国人数量出现了跨越式的增长，汉语语言在国际社会上的地位也日渐凸显，在这种形势的推动下，为母语为非汉语的海外人士提供的汉语水平考试（HSK）的发展也异常迅速。从1991年在海外首考至今，经过26年的发展，接受并参与汉语考试的人数从最初的每年数千人增长至2017年的近60万人。尤其是从2005年以来，随着我国在全球经济、政治等诸多领域地位的提升，汉语国际化考试步入了快速发展阶段，每年在海外参加汉语考试的人数已经从2005年的3万人次，快速增至2016年的60万人次。2005年海外有96个考点，分布在37个国家，发展到目前，海外已有161个考点，分布在59个国家。2017年7月，日本关西外国语大学孔子学院汉语测试中心举办的2017年第三次汉语水平考试，考试内容涵盖HSK和HSKK全部级别，共有690人参加考试，再创考试人数历史新高。与此同时，2016年火爆荧屏的《中国诗词大会》约有4.86亿人次收看，成为继《中国汉字听写大会》《中国成语大会》之后的又一新的文化品牌。国人对于中华文化节目的高度关注正是中国语言文化再掀浪潮的铁证，从上述节目涉及汉语言文化的内容来看，分别从字、词、篇的角度，向国内外观众展现了中国语言文字的丰富魅力，体现了中华优秀语言文化的博大精深。

8.2　中国语言政策变迁影响经济增长的机制分析

8.2.1　语言的工具属性变化对于经济增长的影响

不论是隶属于同一国家（地区）内的方言，还是不同国家之间的官方语，当语言作为经济交流的手段时，体现了其较强的工具属性，从而使语言具有难度。因此，语言作为一种交流工具、一种思维表达方式，能够影响个体行为的选择与群体关系的协调，本书建立了语言→行为个体（社会组织）交易成本→经济绩效→语言演化之间的逻辑关系。

语言政策变迁与经济增长是数次制度安排不断适应经济发展并促进经济发展的过程。语言作为制度要素的组成部分之一，是一组运行规则，决定了市场主体的经济决策与行动范畴。显然，需要投入真实的资源去建立和运行语言制度安排，从而保证它们得以运行，因此需要涉及交易费用，然而交易费用的大小直接影响到市场的规模与发展，从而间接影响了地区经济增长。由语言引起的市场交易费用包含两个层次：

一是由于语言制度安排引起的交易费用，由于语言特质的存在，不同的语言制度安排下交易费用一般是不尽相同的。例如，在封建社会前期，科举考试提供一系列韵书（包括《广韵》《集韵》《礼部韵略》等）来要求韵律规则，极大地协调了南北声韵差异，从而提高了科举制度的甄别水平与效率，促进人力资本的提高；然而到了明清时代，以八股文确定语言的声韵、文体、格式等却严重地限制了新知识思想的传播，空有格式而无实质内容的八股文制度并不适合已经开始瓦解的自给自足的小农经济，也增加了社会的交易成本。

二是在国家（组织）确定了语言制度安排下，市场内部的交易费用，即在语言制度安排确定下每笔交易的交易成本，根据威廉姆森对交易费用的定义，包括：第一，从签订契约、规范双方权利与责任到事后解决契约中存在的语言沟通障碍，在国内市场中表现为地区方言之间的交流障碍，在国际市场中表现为较大的翻译费用。语言的重要作用不仅仅在签订契约、维护契约，同时影响到双边贸易对象的管理层与普通员工，人们不得不花费更多的时间用以语言的沟通来顺利完成交易与生产，甚至外国企业在进行外贸交易时还需要额外进行员工的语言培训，从而提高生产效率。对交易效率的追求，促使双方倾向于使用更简便易懂的语言，即使后来翻译出现，受翻译成本限制，双方也会选择更为便利的语言即相对难度较小的语言。同时语言像其他知识一样具有公共物品的属性，它能够以零成本进行外溢，一旦形成规模效应，这种语言的便利特质则会更明确地体现了出来——不论在何种地方交易，只要是使用双方都能以较小成本使用的语言，那么这笔交易总能顺利地进行，在这种情形下，反而更加强了简单语言的地位。第二，拥有母语的个人如何选择其他种类外语从而在市场上减少搜寻与谈判的费用。对于个体来说，学习语言一方面是一种技能（劳动者必须付出大量时间与经历去学习不同特质的语言），熟练的共同语言能够加快劳动者层级间的交流，从而提高工作效率，同时可以扩大劳动者的社会资本，有效拓宽劳动者的社会关系网络，为更多经验、知识和技能的积累创造条件。另一方面在市场上可以作为一种信号用来被企业甄别，在企业与个人信息不对称的情况下，良好的普通话能力（外语能力）可以作为一种高工作能力被显现出来，从而降低了劳动者和企业组织在市场上互相搜寻与谈判的费用，因此即便是不需要外语翻译的企业，仍然将掌握数门外语（普通话）作为选择劳动者的标准之一。例如，在现行韩文（谚文）制度的安排下，拥有母语的个人，尤其是法律专业的个人必须学习汉字才能完整无误地表达韩国法律的意义，从而在甄别合格律师和工作者上，无形当中增加了市场交易费用。而在瑞士、加拿大等官方语为多语的国家，劳动者掌握双语或者三语将极大地提高其求职成功率。对于那些今后并不以语言为主要业务的求职者来说，选择相对难度较低的第二外语进行学习是其理性选择。

由于语言特质所体现的这种文化认同有所差别，因此在跨国公司的投资决策中，它们会更偏向于选择拥有相似文化底蕴的贸易伙伴或者倾向于低难度语言国家，这种相似性体现在共同的文化理解和商业精神（包括法律与政治经济环境、商业水平和语言）促使双方获得足够的信任与交易信息。在国内市场中，个人也偏向于与拥有相似地方文化经历的人进行交往，形成了经济市场中独特的文化圈，如"晋商""徽商""浙商"等，这些商业圈的进一步发展则需要同一的语言，显然普通话的交流为这些各系派别的商业文化圈提供了合作与扩大的可能。因此，由于国际经济交往中企业文化的融合与趋同同样能够为企业之间的交流合作提供便利，协调来自文化差异的企业之间的矛盾，降低隐性的摩擦费用，为区域实现规模经济以及范围经济打下坚实的制度基础，因而企业合作的演化要求语言差异化能够降到最低。

假说8-1：语言具有工具属性，这种属性突出表现在语言学习的成本之上，因此共同语言的制度能够有效降低交易成本，从而提高国内市场与国际市场的交易效率，带来经济增长。反过来经济的快速增长要求语言弱化工具属性，因而不论在全球范围还是在全国范围内，语言都具有区域同一和简明的属性。

8.2.2　语言的文化属性变化对于经济增长的影响

当经济的数量增长到一定阶段就必须要考虑经济发展问题。现实中日益凸显的经济增长与效益的矛盾、经济增长与环境生态的矛盾、经济增长与社会发展的矛盾、经济增长与自主创新能力不足的矛盾，都是传统的数量型增长模式的缺陷，在这种背景下，就需要更多地强调经济增长的质量。而语言作为一种文化价值观念，影响着个体行为的选择偏好与群体关系的协调，从而本书建立了语言→行为个体（社会组织）的交易行为偏好→经济增长→语言演化之间的逻辑关系。

语言作为人类最为重要的交际工具，是人类用来信息传递、思想交流的信息与符号系统，具备特定的文化属性，是区分不同人群、社会组织的重要标志（邓辉，2010）。一个民族的精神特征与语言形式之间存在密切的联系，语言是民族精神的外在表现，语言与民族精神的高度统一超过了人们的任何想象（洪堡特，1836）。因此，语言是文化最重要的手段，因为语言蕴含着文化最丰富的属性。如拉丁文之于欧洲文明与政治制度的意义一样，汉字之于汉字文化圈就是一种文明载体，它意味着汉文化中的"忠、孝、礼、仪、仁、智、信"有了具形的存在，因此，语言的第二重属性，就是语言的文化属性。

语言作为一种文化价值观，决定了人们的思维形式与思维过程，它将文化价值观以语言的表达方式镌刻在人们的思想与情感之中，从而决定了人们进行经济行为时的主观模型。因此语言不仅能够影响个体行为者的时间偏好从而带来储蓄与消费的长期性变动，还能够影响人们积累财富的方向以及对生产函数中物质资本、人力资本与技术创新的看法，从而造就了国家间不同的增长模式。传统的宏观经济学模型在刻画家庭效用函数时，认为家庭行为偏好受一国历史文化因素的影响，从长期来看，它保持不变。然而，由于不同国家历史文化的不同，对消费偏好的决策就会有所不同，对于时间的概念、储蓄与消费，不同文化有着不同的原则。萨丕尔-沃夫认为语言决定了人们的心智与思维，因此作为文化的母语决定了人们的价值观，并表现为一国包含民族精神与品格在内的社会核心文化价值观体系，从而影响着个人与组织的经济行为，决定了他们在经济活动中的经济目标函数和行为规范（佩鲁，1987），决定了他们是"彻头彻尾滴着血的不惜一切代价地创造财富"还是"各尽所能，按需分配"，是"learning by doing（干中学）"还是"加强基础教育"。不同的语言文化制度在内可以影响着人们的好奇心，为增长的动力创造源源不断的智力资源，并转化为人力资本提高生产效率（姜琪，2016），在外则引导人们对生产要素、生产技术、市场制度与分配制度进行一系列选择，进而决定一国经济增长模式，从而影响经济的发展。

例如，以屈折语系为代表的西方文化具有强烈的规范与契约精神，由词源和句法双重规范构成的屈折语与黏着语具有较为完整的学习规范，相比较汉语而言，这类语言不需要太多的"体悟"就可以理解，从而构成欧洲世界文化核心的内核——"契约""规范""效率"等，它将西方文化框在一个没有"融合"余地的范式之中，因此严谨的契约精神和规范的市场制度以及强烈地追求效率成为西方资本主义迅速发展的文化积淀，形成了西方经济学典型的"市场精神"与"创新精神"，从而促进经济数量的提高。与此相反，以中文为代表的中国文化具有同中文一样的柔性与包容的传统精神，汉语没有现代意义上的显性的语法形式（洪堡特，2001），词与词之间的衔接仅仅依靠虚词，甚至可以自由搭配，从而带来汉语变化多端的意义和复杂的学习过程。这种语言恰恰构成了中国传统"中庸"的儒家文化的最核心的内涵，从而显示出儒家文化对中国经济领域的深刻影响：首先，在生产方面，儒家文化要求人们勤于耕作，为家庭赚取更多的财富，而最优的消费支出水平是保证家庭成员的消费达到社会平均消费水平，并且限制家庭成员超前消费、借贷消费，主张物质资本的积累，特别是代际之间财富的积累（李娟伟，2014）。其次，在人力资本方面，以"望子成龙，望女成凤"的观念将大部分资本用于下一代的人力资本投入，形成了较高的人力资本水平。最后，以"天人合一""言而有信"等儒家传统观念为道德伦理基础，约束市场经济主体的行为，使经济主体不仅具有传统西方经济学的"经济人"思维，更具有发展中的"道德人"的要求，这种要求表现为传统文化中的"忠孝礼仪仁智信"，它要求经济主体从经济运行的整体看待发展，不能罔顾自身利益而忽视他人利益；讲求"人有恒产有恒心""不患寡而患不均"，重视福利分配中公平与效率的兼顾；抨击"竭泽而渔"，提倡"网开一面"，实现环境与经济的可持续发展；倡导人们践行"礼、乐、射、御、书、数"，提高民众文化素养，从而促进和谐发展。

假说 8-2：语言具有文化属性，这种文化突出表现在对于文化的认知与践行，不同的语言表达了异质性的文化，这些文化内核中的某些因素能够通过改变经济增长中的物质资本、人力资本、技术创新等要素带来经济增长，同时语言文化中的伦理道德能够约束市场经济主体的行为，从而改变经济增长效率、福利分配、环境保护、国民素质等最终促进经济增长。

8.2.3 语言政策变迁影响经济增长的作用机制

基于上述分析，我们大致勾勒了中国语言政策变迁与经济增长相互作用的机理，如图 8-1 所示，由于语言不仅具有工具属性，而且还具有文化属性。当语言的工具属性与文化属性相互作用时，就能够影响经济增长的轨迹：语言的工具属性与文化属性同步弱化时，语言文化趋于统一性，意味着经济主体使用共同语言，享受着共同的文化价值观，在这种情况下共同语言文化能够降低市场交易费用，提高交易效率从而带来经济增长；当增长数量达到一定阶段时，语言的工具属性与文化属性之间相互强化，表现为语言文化强烈的异质特征，它能够影响经济主体对于要素的选择、福利分配制度的改变、环境问题的重视与国民素质的提高，从而间接影响经济增长。

语言的工具属性能够影响个体与组织的交易成本，并反过来降低了语言的工具特征，不论是"二战"前白话文运动还是新中国成立以来的简体字与普通话推广运动，它们都以降低语言的工具性特征来降低个人与组织的交易费

中国经济增长

以增数量长为主基线 → 以经济发展为主基线

融入全球化 主导全球化

交易费用的分析框架 经济发展的分析框架

白话文 普通话 TOFEL，四六级 汉语桥、孔子学院、丝绸之路

1919年白话文运动 → 1949年简体字运动 → 1978年外语潮运动 → 2000年国学热运动

提高国内市场 提高国际市场 统一国内市场与
交易效率 交易效率 国际市场

否定传统儒家文化思想 儒家文化思想 提出新儒家文化思想
与西方思想冲突碰撞 并与西方思想整合

强调语言的工具属性 强调语言的文化属性

中国语言特质变迁历史沿革：
从工具属性到文化属性

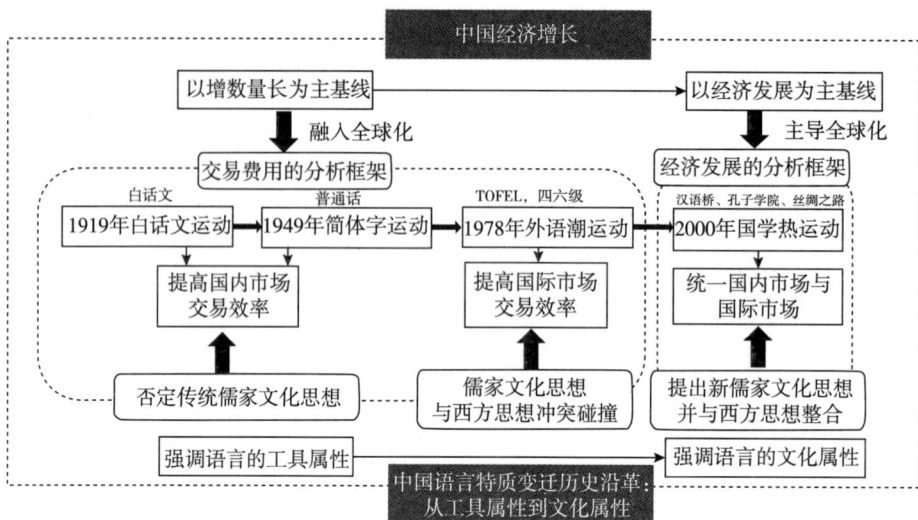

图 8-1 中国语言政策变迁的历史轨迹及与经济增长的关系

用，防范委托—代理风险的加剧，进而提高国内市场的交易效率；随着中国经济不断融入全球化，中国企图通过学习英语并将外来词大量汇入汉语之中，提高个体与组织在国际市场的交易效率，在这一过程中，汉语的文化属性在逐渐减弱，突出表现为对中国传统儒家文化与西方"市场精神"的相互碰撞与冲突，并以现代市场经济逐渐取代中国传统文化为特征，中国逐渐融入到世界经济一体化的过程当中。

语言的文化属性影响着经济增长的进一步提高。而当中国进入增长的高阶段，需要反思经济发展过程中的非市场因素时，汉语的文化属性被强调，同时汉语的工具性特征也被加强，表现为汉语文化传播的不断扩大，中国传统文化重新引起国人的重视，并与西方"市场精神"进行相互融合，使人们在发展经济增长过程中更加注重道德伦理与人文精神。中国文化的输出不再仅仅只是"中国功夫""中国瓷器""麻婆豆腐"等实物形式，而是带有中国精神的思想主导世界价值观体系，汉语语言与中国经济发展相互影响。经济快速发展会迫使语言趋同，但语言趋同并不是经济增长的归宿，恰恰是发展的起点：

经济发展并不是只有单纯 GDP 数字的增加，也不仅仅是经济增长效率的不断提高，它还反映了经济主体的整体格局与人文情怀，因而经济发展是"增长与效益、效率"的统一，它要求在增长的过程中注意经济的平稳发展、

国民收入的福利分配水平、国民素质的提高与环境效率的统一。显然，在改革开放时期，强大的外来语言与外来文化侵蚀了中国传统语言中的"均""俭""合"，让"efficiency""market""development"这些个人主义成功地深入每一个为之奋斗的人的心中，使得在经济发展中罔顾伦理道德，传统的资本主义"商业精神"使得人们在追求经济利益的同时滋生逐利拜金的行为，衍生出资本主义的不可调和的"经济周期"与腐败盛行、诚信缺失等弊端，严重阻碍了经济发展的提高，反思西方发展模式与恢复传统文化相关运动应运而生。

面对当前国际形势，我们要大力推广中国文化，推动汉语走出国门，扩大中国文化在世界上的影响力，推动中外交流进一步加深，从而促进中国经济的发展。

推论8-1：语言具有工具属性与文化属性。语言的工具属性与文化属性同步弱化时，能够降低市场交易费用、提高交易效率，从而带来经济增长；当经济增长数量达到一定阶段时，语言的工具属性与文化属性之间相互强化，能够影响经济主体对于要素的选择、福利分配制度的改变、环境问题的重视与国民素质的提高，从而间接影响经济增长。

8.3 语言政策变迁对中国经济增长影响的实证分析

8.3.1 理论分析与模型设定

语言政策变迁能够影响经济增长，表现为语言的工具属性能够影响市场交易费用，改变经济主体与组织的激励行为，进而对经济增长产生影响。新中国成立之后到21世纪到来之前，中国经历了两次较大的语言政策变迁，第一次是以汉字简化和注音为标志的转型，它的结果是将普通话推广成为中国的通用语；第二次是以英文潮为标志的转型，它的结果是将英语普及成为中国融入经济全球化的重要方式。虽然普通话和英文看起来是两种截然不同的语言，但是它们都突出展示了语言的工具属性：在新中国成立初期百废待兴的情形下，通过汉字简化和注音将普通话定为官方语，使人们能够迅速掌握汉字并进行高效率的交流，对于一个人力资本水平低下的发展中国家，这项伟大的举措直接降低了市场交易费用，从而促进了当时商品与服务的交易；而在改革开放后，普通话的推广已初见成效，面对世界经济全球化的新机遇，我们必须要通过语言政策变迁来打开国门，英语浪潮应运而生——较之于复杂的其他语言，英语规范的屈折变化与音义同行使英语学习成为一件比较简单的工作，在全世界范围内，英语的便利性都非常高，在此情况下，以学习英语融入世界经济之中能够降低在世界市场中的交易费用，一个地区英语能力越高，则越有可能吸收外来的资金、先进技术与管理经验，从而获得更高水平的经济增长。因此，根据前文对于语言对经济增长发生路径的分析，拟采用如下面板数据的计量模型进行数据检验：

$$Y_{it} = \alpha_i + \beta_t + \gamma P_{it} + \mu Z_{it} + \varepsilon_{it} \tag{8-1}$$

式（8-1）中，Y_{it} 为一国经济增长率；α_i 为固定效应，反映了地区由于地理位置、环境因素等固定效应对增长的影响；β_t 为时间效应；P_{it} 为当年该地区语言政策变迁事件的结果，所以我们使用普通话普及率和英语能力分别考察了简体字运动的结果与英文潮运动的结果对于地区经济增长的影响；Z_{it} 为一系列控制变量。由于普通话普及率与英语能力本身与经济增长互为因果关系，因而可能存在内生性，当我们利用面板数据估计语言政策变迁时就会无法确定它们的反向因果关系，因此我们使用二阶段最小二乘法（2SLS）来解决语言政策变迁变量的内生性问题，为此我们必须去设法找出一个与普通话普及率（外语能力）相关而与长期经济增长不相关的变量，我们引入各地区省会城市距离首都的地理距离（IV1）作为普通话普及率（外语能力）的工具变量，从普通话的定义来看，它是指"以北方话为基础方言、以北京语音为标准音、以典范的现代白话文著作作为语法规范的汉民族共同语"。因此，距离首都北京越近的地区，越容易学习普通话，从而具有更高的普通话普及率，而这些普通话普及率高的地区往往代表了更好的语言学习能力，因此外语能力也就越高，并且这一变量显然与地区经济增长无关。此外，我们还利用核心变量的滞后一阶（IV2）作为另一个工具变量。

8.3.2　变量说明与数据来源

本章使用中国 1980~2011 年的省域数据评估普通话普及对于中国经济增长的影响，我们除去了西藏及香港、澳门以及台湾，由于重庆市在 1997 年前依然归属于四川省，为了将四川省和重庆市区分开来，1997 年前四川省的数据剔除了重庆市。分省数据主要来源于《中国统计年鉴》《新中国 60 年统计资料汇编》以及各省的统计年鉴和统计公报，其中，被解释变量为人均实际产出 y_{it}，我们以 1978 年价格水平为基期，利用分省 GDP 指数和名义 GDP 先计算出分省 GDP 平减指数，再对各省名义人均 GDP 进行折算。

核心解释变量普通话普及率：我们利用中国综合社会调查 CGSS（2010）、CGSS（2012）以及 CGSS（2013）的关于普通话表达能力的数据去估计每年的普通话的普及率，关于普通话能力，最权威的调查来自 1998~2004 年进行的 "中国语言文字使用情况调查"[1]，然而该项目出版物至今未公布调研数据，但根据其公布的普通话普及率的年龄分布情况我们可以发现 30~35 岁左右的人群普通话水平是一个固定值，在这个年龄段之内，他们已经能够通过教育或者社会经历形成自己的固定的语言模式，低于这个年龄段语言可塑性还极强，高于这个年龄段语言的可塑性极弱。因此我们使用要估计年份当年 30~35 岁人群的普通话表达能力高于 "比较差" 和 "完全不会说" 的比率作为普通话普及率，最后对这三套数据进行算术平均，得到当年普通话普及率的数据。例如，我们要估计 1990 年的普通话普及率，首先从 CGSS（2010）、CGSS（2012）和 CGSS（2013）中分别筛选出 1955~1960 年出生的人，统计他们普通话表达能力为 "一般" "比较好" 和 "很好" 的人占总体的比例，并对这三个比例进行算术平均，得到 1990 年普通话普及率数据。我们使用同样的方法估计了地区的外语能力水平。

控制变量：①贸易水平：使用人均实际贸易额 Trade 这一指标作为贸易水平的变量，利用各地区的进出口贸易总额除以劳动力人数代替，由于报告值为

---

[1]　调查项目持续时间较长，但全国大多数省、自治区和直辖市完成实地调查的时间是在 2000 年前后。

美元，我们先用当年汇率折算成人民币，再利用 GDP 平减指数进行折算。②外商直接投资水平：使用人均实际外商直接投资 FDI 这一指标，利用各地区报告的外商直接投资除以劳动力人数代替，并利用 GDP 平减指数进行折算。③技术创新水平，使用人均研发支出 Tech 这一指标作为技术创新水平的变量，我们使用各地区财政支出中的科技支出除以劳动力人数代替，并用 GDP 平减指数进行折算。④人均物质资本 k，我们依然按照永续盘存法的思想对物质资本进行估计，先利用公式 $K_{it} = I_{it} + (1-\delta) K_{it-1}$ 对总资本存量进行估计，其中 δ 表示固定资产折旧率，取 $\delta = 0.05$，各省基期固定资本存量 $K_{i, 1978}$ 计算公式为 $K_{i, 1978} = I_{i, 1978} / (g_i + \delta)$，式中 g_i 表示各省固定资产投资实际年均增长率，同时利用各省固定资产价格指数将历年投资额 I_{it} 转化为以 1978 年为基期的实际值，最后用资本存量除以同期劳动力人数 L。⑤人均人力资本 H，通过各地区高校在校学生人数占总人口的比重用来衡量地区人力资本水平。⑥城市化率（Urban）用各省历年城市人口与各省总人口之比表示。各变量统计描述见表 8-1。

表 8-1　各变量统计描述

变量名称	观测数	平均	标准差	最小值	最大值
人均产出 Y（元）（取对数）	960	7.6155	1.1103	5.3123	11.0145
普通话普及率	960	0.6431	0.2666	0.0000	1.0000
外语能力	960	0.3144	0.2519	0.0000	1.0000
人均研发支出 Tech（元）	960	11.0039	49.9353	0.0745	716.9815
人均 FDI（元）	960	153.6472	353.9341	0.1376	2843.0730
人均贸易额 Trade（元）	960	2362.4880	8110.2630	0.3554	88581.7900
人均政府财政支出（元）	960	600.0387	1076.8790	1.2251	12271.1400
人均物质资本 k（元）	960	7470.6200	11530.9300	75.1337	83693.7300
人力资本 H（%）	960	0.0063	0.0069	0.0004	0.0358
劳动力 L（万人）	960	5.8699	0.7106	3.7015	7.0952
城市化率 Urban（%）	960	0.3605	0.1671	0.0760	0.8931

8.3.3 计量结果分析

利用二阶段最小二乘法对中国语言政策变迁（普通话普及和英语学习两次事件）影响经济增长进行估计，估计结果见表 8-2。模型（1）和模型（2）估计了普通话普及率对于中国经济增长的影响，模型（3）和模型（4）估计了英语能力对于中国经济增长的影响。在一阶段回归中，IV1、IV2 与普通话普及率及英语能力显著相关，且弱工具变量 F 检验显著拒绝了该工具变量为弱工具变量的假设检验。经过工具变量的重新估计可以发现，普通话普及率对于经济增长的影响系数显著为正，英语能力与地区经济增长的影响系数也显著为正，表明中国 20 世纪以来的语言政策变迁对经济增长具有较强的正向影响。普通话水平和外语能力作为语言工具属性的代表性事件，能够很好地佐证其对经济增长的作用。

表 8-2 语言政策变迁事件对中国经济增长影响的 2SLS 估计结果

被解释变量	Y			
解释变量	（1）	（2）	（3）	（4）
Putonghua	0.3991 *	0.0383 **		
	(0.1819)	(0.0165)		
English			0.4545 *	0.0482 ***
			(0.2575)	(0.0268)
lntech	0.0372	0.0100	0.0178	0.0050
	(0.0247)	(0.0099)	(0.0337)	(0.0099)
lnFDI	0.0266 ***	0.0349 ***	0.0636 ***	0.0385 ***
	(0.0115)	(0.0044)	(0.0266)	(0.0046)
lnTrade	0.0752 ***	0.0686 *	0.0908 ***	0.0696 ***
	(0.0172)	(0.0062)	(0.0074)	(0.0061)
lnk	0.4312 ***	0.4957 ***	0.5724 ***	0.5108 ***
	(0.0179)	(0.013)	(0.1556)	(0.0153)

续表

被解释变量	Y			
解释变量	(1)	(2)	(3)	(4)
Urban	0.0541 ***	0.1804 ***	0.0580	0.1608 ***
	(0.3048)	(0.0654)	(0.4312)	(0.0651)
H	27.97522 ***	23.8970 ***	21.2150 ***	23.2235 ***
	(2.5459)	(1.5393)	(8.9207)	(1.5833)
Cons	3.213442 *	2.9307 ***	2.6099 ***	2.8637 ***
	(0.1528)	(0.0845)	(0.7471)	(0.0936)
R^2	0.9728	0.9757	0.9682	0.9761
一阶段回归				
IV1 = distance	−0.1516 ***		0.1331 *	
	(0.0620)		(0.0711045)	
IV2 = L1		0.9602 ***		0.7820 ***
		(0.0100)		(0.0206)
Cragg−DonaldWaldFstatistic	15.98	10894.13	12.69	1442.09

注：*、** 和 *** 分别表示在 10%、5% 和 1% 显著性水平上显著，括号内为标准误。

8.4　本章小结

　　本章以近现代中国语言特质的四次变迁与中国经济增长的历史回顾为起点，分析了语言政策变迁与经济发展相互作用的机理。经济增长是经济基础、语言政策变迁是上层建筑，它们相互作用、互相制约、互相影响。近现代中国语言特质的四次转型恰恰就是遵循着"语言特质→经济增长→语言特质转型→经济增长方式转型"的理论逻辑与历史轨迹促进经济发展。在这一历史框架下，我们认为在经济发展初期，人们更加强调语言的工具属性对交易成本带来的影响；当语言的工具属性与文化属性同步弱化时，能够降低市场交易费用，提高交易效率从而带来经济增长；当增长数量达到一定阶段时，人们更加强调语言的文化属性对于经济发展的影响；语言的工具属性与文化属性之间相互强化，能够影响经济主体对于要素的选择、福利分配制度的改变、环境问题的重视与国民素质的提高，从而影响经济发展的提高。利用微观数据与宏观数据相结合的方法，我们考察了新中国成立以来语言政策变迁对经济增长的影响，研究发现，普通话普及率与外语能力作为新中国成立后两次文化转型的标志性成果，它们能够显著地促进经济增长数量的提高。此外，我们利用了年度汉字评选这一事件考察了作为文化属性的语言对于经济发展的影响，在比较了汉字圈内的国家以后我们发现，汉语作为表达经济发展的文化价值观念已经深入汉字圈的国家内，并与国家经济增长具有相关性，因此我们需要坚持"文化走出去"战略。

第9章 中国语言政策及规划的路径转型

　　语言的本质特征，在于其能够把相同的人民聚集起来、不同的民族区别开来，因此，它实际上是"把人与世界隔离起来的障碍，而不是连接人与世界的桥梁"。语言发源于人们对于团结合作的要求，也成为人们彼此分裂的标志，综观语言的变化发展，任何一种语言都试图对周围世界进行刻画，而当这些语句被连起来时，就形成了语言对事物的带有个人主观感情的描述，这些约定俗成的语言成为非强制性的制度安排被流传下来，形成了民族极具特色的文化与精神风俗，从而反过来对人们的物质世界和精神世界进行指导，影响着人们的行为理念和经济生活。这些约定俗成的制度安排，也成为影响经济增长的一个重要符号。

　　语言是一种文化标识，不同的语言背后代表着人们不同的文化背景、思维方式和经济行为。因此，语言政策能够成为一种制度安排用以改变人们由于文化和思维习惯的差异带来的经济成果的差异，从而改善一国的生产情况。在经济发展全球化的今天，任何国家都不希望在这场世界比试当中落后，他们也不会错过任何经济交流、科学技术交流的机会，这一切无不以打开语言大门为先决条件、以文化融合作为实施手段。在这个方面，国外已经形成了成熟的语言规划理论，相比而言我国语言交流研究在社会各领域并未系统地展开，因此导致了我国的语言规划往往停留在初级阶段，并没有结合当下我国的经济政治状况进行语言能力、语言使用等方面的深入调查和研究，也使我国母语的话语权往往落入他人之手，李宇明（2011，2013）特别强调了语言在国家地位、学术领域等方面的重要作用，国家的外语能力和语种规划必须得到重视。

传统的语言规划往往立足于国家内部民族语言的统一和区别问题，伴随着经济全球化发展步伐的加快，基于民族内的语言规划将不能够满足国家间的经济交流需要，语言规划也将转型为对于跨境语言的交流的制度安排。按照前文的推断，民族语言的跨境使用将会对一国的经济增长和发展起到非常重要的作用。因此，一国制定的跨境语言政策将直接影响到国际间的经济合作与主权地位，从而使得语言规划成为一个非常重要的课题。国家间的快速发展使得资本、技术以及人口迁移的边界成为比国界模糊的概念，而由这些生产要素组成的经济交流将突破国家间的地理约束，那么文化这个无形的边界成为区分国家经济交流的重要标志，语言则是其中一部分。它被视为国家软实力的代表，作为经济联结的一环，其逐渐成为一国的"硬实力"。这也强化了各国在政治、经济、文化等领域的联结，使得语言规划成为联结节点中的重要一环。本章主要从经济全球化背景下语言对于经济增长的影响理论出发，对促进经济增长的语言制度进行安排，考察语言规划。

以英语的通用化作为契机，各国开始将语言作为一种战略资源进行世界布局，将语言的战略规划视作是一种制度安排并施加在经济发展上。因而基于经济视角对语言规划的研究成为制度经济学的重要研究领域。对于语言的规划研究，现有文献十分丰富，然而将语言放置在制度安排下的经济战略上的研究，现阶段还较少。本章的研究意义在于将我国语言战略的制度安排上升到了经济理论层面，使之在保证了语言政治制度明确的前提下有效地促进我国的经济增长与文化发展。因此，我们以各国语言政策的历史回顾以及语言制度安排与经济发展的关系为起点，深入探讨了促进我国经济增长的语言制度安排与战略部署，把短期政策和长期政策结合，将汉语与中国文化发扬光大。本章将从以下几方面分析中国的语言规划政策：第一，通过回顾亚洲国家的语言政策，并对其进行经验分析，为我国语言战略规划提供借鉴思路；第二，阐述语言与经济增长的关系，指导我国语言政策转型的路径；第三，具体阐述短期语言政策的安排；第四，具体阐述我国长期语言政策的安排；第五，通过案例分析，构建"一带一路"语料库的建设方案。

9.1　亚洲国家语言政策的历史回顾

　　每一次经济的蓬勃发展都蕴含了语言革命的影子，最为典型的是"二战"结束后亚洲国家纷纷开始进行重建，通过学习与劳动使经济迅猛发展，从而成就了亚洲经济在世界经济史上的奇迹。如前文所述，语言的差距带来了贸易偏好、投资成本和技术扩散种种差异，为了破除语言这种隐性的壁垒，亚洲国家纷纷开始主动缩小语言差距。日本在明治维新之后便开始大规模地进行"东洋精神，西洋艺术"的全面学习，企图将日本精神与西方技术完美地融合在一起，因此为了更好地掌握西方先进的技术和文化制度等以求得最快的发展，日本在兴办洋学时以学习外国语和专业技术为重点，英语成为明治维新时代全面学习的文化标识并一直保持至今，使日本技术有了突飞猛进的发展。最近几十年，日语对于英语的包容性越来越强，现代日本语中的外来词几乎是汉语和英语的天下，而直接外来词的比例更是迅速增加，1980 年已经上升至一半，日本的国语虽然为日本语，但由于外来词的迅速增长，使得日语演化更偏向于英语。

　　新加坡则从 1965 年建国之日起就将英文作为第一语言，华语作为第二语言。这样不论在政治上还是经贸交流上，新加坡都能够迅速做出反应，从而为国家发展争取时间。而马来西亚为了改进现行教育制度、增加马来人就业机会和保障马来人的政治地位，采用了仅以马来语为国语的教育体系，并鼓励中小学进行英语教育。印度尼西亚在独立之后，先前的荷兰语、阿拉伯语、英语、德语、法语和日语均被废除，英语成为学校教育中的唯一必修外国语课程。

　　工业革命开始，语言的变迁就不仅仅是民族博弈和主观自觉的结果，它更包含了国家间经济博弈的过程。由于印度独特的历史与文化国情，英语突破了印度多语的束缚成为调和经济发展与人民矛盾的中和剂，并随着印度经济对外开放而不断扩大影响范围，成功登上了印度的历史舞台。在印度摆脱殖民后的 1967 年，印度修正了官方语言法案，正视了英语与印地语并存的局面并确立了两个官方语言并存的语言政策，1968 年进一步表明了国家坚持双语政策的立场，并在宪法中规定所有印地语和英语都可以作为公务员考试的语言，这不但有利于适应印度的多语并存现象，更适应了经济全球化的发展，使英语从印度的殖民语言上升为经济语言，极大地促进了印度知识与技术的发展。

从以上情况我们可以看到，亚洲的主要国家在战后都出现了英语学习的盛况，如表 9-1 所示，以外语考试中最热门的 TOEFL 考试为例，亚洲"四小龙"的外语学习人数最多，成绩也相对较高，为本国的经济腾飞进行了文化铺垫。

表 9-1 亚洲国家学习语言情况（以 TOEFL 考试为例）

20 世纪 90 年代					21 世纪初			
排名	国家/地区	外语考试人数（人）	占总人口比例（%）	平均成绩（PBT）	排名	国家/地区	外语考试人数（人）	占总人口比例（%）	平均成绩（CBT）
1	日本	278309	0.2219	494	1	日本	84254	0.0661	186
2	韩国	129003	0.2861	510	2	韩国	73093	0.1535	207
3	中国	118459	0.0098	553	3	印度	62761	0.0058	246
4	中国台湾	105232	0.5011	506	4	中国台湾	25443	0.1157	198
5	泰国	73237	0.1242	492	5	中国	22699	0.0018	214
6	中国香港	71321	1.1585	510	6	菲律宾	13877	0.0171	230
7	印度	52976	0.0055	579	7	泰国	11062	0.0173	197
8	印度尼西亚	36509	0.0188	505	8	中国香港	9271	0.1375	209
9	马来西亚	32846	0.1585	525	9	巴基斯坦	8130	0.0054	228
10	巴基斯坦	18809	0.0148	524	10	印度尼西亚	7334	0.0034	210
11	孟加拉国	11318	0.0094	487	11	孟加拉国	3318	0.0024	213
12	菲律宾	8715	0.0125	574	12	马来西亚	3162	0.0130	228
13	越南	8201	0.0114	501	13	越南	2120	0.0027	207
14	斯里兰卡	4600	0.0254	528	14	斯里兰卡	1394	0.0074	221
15	新加坡	3163	0.0168	593	15	新加坡	519	0.0124	255
16	中国澳门	2839	0.7125	498	16	中国澳门	409	0.0921	198

注：数据由笔者从 ETS 考试中心整理而得。托福考试改革经历了 PBT（Paper-based Test）、CBT（Computer-based Test）和 IBT（Internet-based Test）三个阶段，每个阶段成绩总分和评价标准不一致，PBT 满分 677 分，CBT 满分 300 分，IBT 满分 120 分。

语言特质的基本理论告诉我们，缩短两国语言差距有两种办法：改变语言的相对难度和绝对难度。语言的相对难度较之绝对难度更容易改变，当我们试图去接近一国的语言时，培养大量的翻译人才就可以完成相对难度的转化。亚洲国家的普遍做法便是如此，在这一点上新加坡甚至做到了极致，它完全摒弃了马来人和华人的文化传统，使英语成为本国的母语，从而成为亚洲国家的贸易、投资和技术扩散的圣地。仅而次之的是日本，其国语虽然为日本语，但多年的西化教育和毫无节制的外来词扩张，使日本正在丧失着"菊与刀"的精神。基于纯粹实用主义对英语工具性的过度推崇，造成了这些国家对于英美文化的过分崇拜而忽视了自身的民族文化修养。这在亚洲国家是一种非常普遍的现象，它们都以能够以"像英语文化国家的人思考那样流利地说出英语"而自豪，在英语教学上过分强调了英美文化和英美习俗，使人们全盘接受英语文化，而忽略了英语文化的某些糟粕，客观上造成了本土母语长期处于文化压制的状态。因此我们可以看到，以其他语种替代本国母语的方式改变语言的绝对难度虽然较易实施，但这不过是一个短期现象，从长期来看，这种短期政策带来的经济效益远远比长期的自我文化否定小得多，只有改变语言的相对难度才能在维持本国文化和经济增长上获得平衡。因此，基于经济快速发展，我国的语言政策应当是短期政策与长期政策的结合。

9.2　中国语言规划政策转型的路径

新中国成立以后，中国逐渐形成了统一的语言规划，将普通话的使用规范作为整个社会的语言基础，伴随着21世纪经济全球化的发展，语言规划已经不再是简单的规范化问题，而是承接了语言习得与语言服务的多种语言规划。由于经济发展突破了地理的界线，人文因素成为交流的深层障碍，那么一国的语言规划还应当注意母语的发展。本章的研究告诉我们，语言的相对难度和绝对难度影响国家间经济增长的数量和效率，而对于经济增长的迫切要求最终会促使世界语言单一化、简单化，在这种情况下，语言不再是传统意义上信息和文化的载体，而被看作是"无形的战略武器、巨大的资源宝库、新兴的科技引擎和治国的重要工具"（赵世举，2015）。那么如何应对经济全球化中出现的语言转变对抗母语地位的问题，也成为中国语言政策转型必须关注的问题之一。我们必须从传统的将语言视为一种政治工具的看法转变为将语言视为一种服务于经济的制度安排，从而带来经济的快速发展。

既有研究表明，文化能够对经济增长产生影响，但尚未有学者考虑文化具形（如语言、制度等）对经济增长的路径机制，本书的理论和实证分析表明：语言特质，即语言的相对难易程度和绝对难易程度能够通过影响交易偏好、交易成本与技术进步来作用于一国经济发展，一国的语言学习时间相对越短，则越有利于开展本国经济，世界经济的发展实践同样印证了国际性的通用语言都有趋于简单化的态势。我们今天所做的研究，只是在发现语言特质的情况下，对可能的增长进行了一个符合逻辑和经验的解释。研究发现，一种简单的、易传播的工具文化能够有效地降低交易成本，并通过影响贸易偏好和技术进步而作用于经济增长，由于这种工具文化带有公共物品的属性，使得规模效益以零成本的方式外溢，因而与经济增长形成了互相促进的影响。从我们回归的估计结果可知，不论是语言的相对难度还是绝对难度，都能通过影响交易成本、贸易偏好与技术进步来影响经济增长效率，因此可以通过改变语言的相对难度和绝对难度来配合国际经济交往。因而，通过以改变语言特质的政策来释放"语言红利"从而促进经济增长，具体来说有以下几点思路：

9.2.1 降低语言绝对难度释放经济增长潜力

从全世界来看，改变语言的绝对难度意味着选择一种更为简单的语言作为官方语言，从我们的研究来看，以采用英语学习为手段促进经济腾飞是可行之举，这在亚洲国家的经济发展中体现得尤为明显：从亚洲"四小龙"到腾飞的"金砖国家"，它们几乎都采取"全民英语"的政策促使更顺利的经济交往和更加快速的知识传播交流，在这些国家，掌握双边语言不仅是出于提高自身收益的自发要求，更是国家政策导向的结果。但也正因为如此，本国语言的某些特征正在逐渐消失，国家的文化特征正变得越来越模糊，这对于一个秉承传统文化精神并时刻彰显自己民族特色的发展中大国来说无疑是"饮鸩止渴"，因而我们在有保留地学习英语的情况下只能从改变语言的相对难度来释放语言对于经济发展的作用。

9.2.2　扩充文化交流降低语言相对难度

对于具有明显民族特色的中国来说，除要求掌握必要的双边语言之外，改变语言的相对难度应当是一条可持续发展之路，由前文对于语言特质的定义可知，降低语言的相对难度要求我们必须通过进一步的文化交流，促进本国母语在世界的使用程度，以扩大本国母语的使用范围来迫使语言的相对学习时间降低，如德国的歌德学院（Goethe Institutes）、法国的法语联盟（Alliances Frances）以及英国的文化教育协会（British Council）都是通过强化本国文化交流来扩大本国母语的使用程度。汉语的绝对难度是所有语种当中最高的语言之一，使用人数虽多，但是大部分仅在中国和周边小国范围内，因而造成汉语的相对难度也较高；通过与世界更加开放的文化交流，汉语文化需要广泛吸收各国外来词汇，并以"孔子学院"等形式弘扬传播中国文化，加深世界各国接触汉语的范围，可降低汉语的相对难度。同时，由于这种文化产业的传播也能带来收益，因而是目前释放"语言红利"的一项重要之举。

9.2.3　提高语言在生产性服务业中的作用

本书的结论还暗示了我国语言产业未来的发展战略方向。语言虽然没有优劣之分，但如同文化资本等其他制度资本一样，存在着规模经济的问题。因而通过文化交流释放语言红利，是未来全球经济与政治发展的关键所在，如何制定一国的语言政策，从而更有利于国际经济文化交流？发展语言培训与翻译产业，是在新时期所有增长动力乏力的情况下寻求新的经济增长点的一个突破口。在生产全球化的今天，语言也可以作为生产性服务业的一环，为生产服务，从而创造更高的经济价值。

9.3 中国实施语言规划的具体政策

9.3.1 短期政策：推进语言能力教育

通过学习简单语言从而拉近国家间的语言距离是短期语言政策的主要目标，而在学习简单语言中又以培养国民的语言能力为主要目标。智力资本中最主要的两部分是语言能力和计算能力。因而获得语言能力也是提高人力资本的一个重要手段。除此之外语言能力是人民其他能力得以发展的重要保障之一，语言是伴随着经济交往中人们的需求逐渐产生的，是劳动者其他各项能力得以提高和发展的根本保障，并形成了人与动物的典型区别（张先亮、赵思思，2013）。提高市场主体的语言能力不但能够实现经济发展与创造市场环境，还能够加深各国民族之间的文化交流，当我们将语言能力视为语言资本时，则通过语言能力的提高培养我们获得学习知识的新的途径时，那么市场主体将成为真正意义上的人力资源。然而现实的问题是，我们从不缺乏对于语言知识的获得，而缺乏的恰恰是语言能力，在我们投入了大量的时间和金钱之后，我们的语言教学无疑是失败的，在大学和社会实践中出现了"听说读写"能力与实际不符的情况，阻碍了经济的正常交流。

语言特质的功能告诉我们，通过学习他国语言以拉近国家间语言距离的方式不仅仅是在母语交际能力上增加另外一种语言的交际能力。更重要的是，通过学习这些语言，本国人民掌握了他国语言和在此基础之上的文化阅历，从而与他国形成了文化融合，以促进民族间的相互理解和经济任务的顺利达成。包括欧盟在内的许多国家越来越认识到培养语言能力的重要性高于培养语言知识。伴随着 21 世纪经济发展对于语言的需求，我们既需要精确地掌握语言知识，以便在知识爆炸的今天深刻理解其他语言知识的深刻含义，又需要培养拥有综合语言能力的人力资本，以便在经济文化进行频繁碰撞的今天能更好地融入其中。所谓的综合语言能力包括：①对世界认识的能力以及跨文化的意识；

②应变跨文化的技能；③跨文化交际应变的能力；④认知和理解他国文化、价值观、信仰的能力（刘壮等，2012）。

因此，语言能力的提高一定是以母语为基础，然后扩展至多语。其重要举措包括：①对汉语课程的内容和考试进行改革，使其方向回归到提升本民族的汉语使用能力上来。②在经济增长史的长河中，先前学者已经向我们回答了语言对于经济增长的重要作用，而世界各国的语言政策与经济发展史也向我们证明了拉近国家之间的语言距离的重要作用。因此，在未来的语言规划中我们仍然并且必须坚持学习简单语言战略，使之成为辅助经济增长的工具。高考作为选拔人才的最重要的考试，需要成为英语学习的风向标，因此英语考试的改革就显得尤为重要。自实行高考英语改革以来，我国在语言的学习和测试研究等方面取得了巨大成功，但也存在着诸多问题。其中最大的问题在于现行考试不能很好地发挥英语能力导向性的作用，使得高考英语考试以及在后续测试中筛选出高语言资本的能够全面发挥"听、说、读、写"能力的人并不多，而大多数的学生仍然是机械性地应付考试，而不能将这些语言能力转化为语言资本，从而不利于在未来技术传播与经济合作的过程中发挥较好的作用。将习得语言的能力考查寓于语言的知识考查之中，通过英语考试的改革推动英语能力教学的改革，提升习得语言的能力教育。除此之外，英语学习日渐低龄化的原因也值得令人担忧，伴随而来的就是英语学习的"费效比"并不高，而且由于过早地接触了英语学习，使得中国传统文化与西方文化发生强烈的交流碰撞，整个社会出现了"精神动荡、文化缺失"的局面。因此，在未来的语言战略管理中，我们更应强调语言学习的能力而非语言学习本身。③加强机器语言的探索之路，随着计算机的迅猛发展，计算机语言发挥着非常重要的基础作用，机器语言处理自然语言越来越精确，使我们看到机器语言对于自然语言的冲击和可发展之路。虽然机器的语言能力与自然语言在"理解"的范畴上存在偏差，但语义计算与深度计算的出现使得机器语言在代替自然语言上仍有较大的发展空间（俞士汶，2015）。总之建设当代人力资源大国离不开语言能力的培养，只有在全民都拥有语言能力的基础上，才能以此为媒介不断提高市场主体的经济文化科学素养，使国家的经济发展立于不败之地。

9.3.2 长期政策：汉语"走出去"战略

社会发展是经济基础，而语言作为文化的标识属于上层建筑，因此语言必须是随着经济基础进行动态变化的。语言文字是制度安排中的重要组成部分，越来越多的学者认为语言不但体现了一个国家的软实力，更是硬实力的象征，是国家在信息社会经济全球化境遇下生存的重要保证。随着中国经济发展程度的不断提高，中国在世界经济、政治、文化、技术等方面的话语权会越来越多，汉语的国际化传播如何才能够像英语一样成为"既无可替代又简单易学"的语言也是我们语言战略规划的一个重要问题。然而汉语本身的语法结构和表达方法使汉语限制了其成为通用语，因此使汉语"无可替代"的传播就显得更加重要。

具体来说：第一，应当加强汉语翻译系统建设。语言翻译的精度和效度除了依赖于翻译算法外，还需要健全的平行语料库系统，然而在这方面，现有的语料库仍不能满足翻译的要求，使得汉语传播的速度受限，比如现行语料库并不能涵盖经济生活的方方面面，而且使用频率相当小，此外，中介语语料库的建设目前还相对稀缺，它对于语言研究与外语翻译等有着重要作用。因此我们应当依靠量子技术存储构建大规模的平行语料库，加强母语传播。

第二，汉语应当不断适应国际间经济、技术、文化的要求。所以政策制定者应当创造出适于交流的新词以满足在这些经济、文化、技术交流中的需求。其中很典型的是技术引进的过程中对于专有名词的翻译和创造，不加节制地引用和使用本民族晦涩的语言强行翻译都不利于技术的交流，因此需要语言规划者酌情引用，以达到平衡母语传播和科学技术交流的作用。

第三，借助文化产业如丝绸之路、孔子学院等产业传播，使汉语成为"无可替代"的国际语言，用于保护民族语言和民族文化。由于汉语学习绝对难度较大，如果任其自由发展将无法胜任国际通用语种，因此需要借助文化"走出去"战略改变汉语学习的相对难度，随着中国综合国力的增强，文化产业的崛起也随之而来，汉语热能够改变汉语学习的尴尬状态。因此，依托文化产业的发展带来汉语相对难度的降低是费效比较高的可行之路，具体措施有：

（1）鼓励文化产业的出口与发展，以更加包容的方式进行文化产业交流。

文化产业的力量强大而有魅力，一首歌、一幅字都有可能让学习者爱上汉语文化从而迅速传播使汉语学习难度降低。而且文化产业的关联度极高，利用文化资源的建设带动文化产业上下游利益链的发展从而达到语言的扩张作用。诸如日本的动漫产业、韩国的娱乐产业、美国的电影产业等就对本国语言起到了良好的推动作用。然而，中国出口的文化商品50%以上均为游戏、文教娱乐和体育设备器材（花建，2005），而文化创新以及文化软件的出口远远落后于其他产品的出口。文化产业贸易保持多年顺差后，报纸、建筑和设计、摄影等文化产品仍然是逆差，而文化服务产业贸易逆差越来越大，2012年我国文化服务产业贸易逆差额达到151.7亿美元，尤其是音像服务与版权服务的贸易逆差都说明了我国文化产业发展仍存有较大空间。因此，需要大力扶持我国知识型文化产业与文化服务产业的发展，从而带动汉语文化的扩张。

（2）继续推进国学在全世界的普及。"孔子学院"和与"孔子学院"相联系的"汉语桥"项目是目前我国进行汉语文化普及的两个最重要的途径，全世界已有109个国家3000多所高校开设了汉语学习课程，我国高等教育也大量培养对外汉语的专门人才，这些都在通过硬件与软件配合构建起汉语文化扩张的路径并取得了较好的成果。2011年吴晓萍以麻省大学波士顿分校和布莱恩特大学孔子学院的"星谈"暑期班为案例，实地考察了孔子学院对语言传播、文化传播和中国形象传播的效果。通过访谈问卷他们发现学生对于汉语难学的恐惧感由原来的60%降至14%，并饶有兴趣地开始通过中国各种文化书籍进行语言学习，对于中华文化和中国形象的认可度也有所提高，所以开设孔子学院这类文化传播机构从而降低语言相对难度是完全可行的。

（3）东盟与丝绸之路经济带的话语权建设。东盟和丝绸之路经济带作为多元文化的组织，最大的特点在于其语言难度普遍很高，在语言特质的理论下很可能最后趋向于简单语言——英语，从而进一步加强了"英语帝国主义"的窘境。因此，在这两块由亚洲国家自己主导的联盟中，需要加大语言的认同感与作用，培育汉语成为国际传播的条件，其中需要接纳方的制度性共谋（如外语教育的制度性安排）和民众的共谋心态和行动（如日常生活中对外语词汇的偏好）等（卢德平，2016），利用东盟国家和丝绸之路经济带上我国的经济力量，改变汉语传播的相对难度。

（4）加强语言文字传播与保护。汉语作为全世界学习难度最高的语言，拥有着丰富的信息资源，更承载了中国千年以来的巨大文化价值，因此保护母语文字、对外传播语言对汉语文化的发展有着非常重大的意义，在这点上拥有多元文化的民族有相当丰富的语言保护实践经验供我们借鉴：如俄罗斯、匈牙利在坚持多元文化并存的理念上开展庆祝语言文化活动，成立"母语日"等保护自己的民族语言，而英国、法国等举办多种形式的语言展传播母语。全世界有 60 多个国家还出台了专门的语言文字保护法用于规范本国母语的使用，保证语言文化的多样性。

9.4 语言的战略决策案例："一带一路"上的文化交流与多语语料库建设

古代丝绸之路的开拓促进了亚洲与欧洲的经济交流，并带动了中西文化的碰撞与融合。在古代丝绸之路沿线，我们在中国看到了欧洲人的后裔，也在西欧发现了亚洲的血统。这种从经济、文化到血缘的融合使古丝绸之路成为历史上最辉煌的篇章。然而，随着陆运时代的结束，丝绸之路逐渐失去以往的功能，如何重构丝绸之路从而带动中国西部与亚欧各国的发展成为本时代的新一轮主题。在此背景下，通过政策沟通、道路联通、贸易畅通、货币流通、民心相通复兴古丝绸之路并构建新丝绸之路成为一个主要问题。然而这些互联互通的基础在于文化上的互相理解，文化交流则依靠于语言，显然以汉语为主的中国和以斯拉夫语系为主的陆上丝绸之路国家在这次碰撞中会出现效率的损失，然而依靠通用性的语言又使得国家之间的文化标识慢慢消失。

从长期经济增长来看，语言作为文化的标识，对经济增长起到了不可忽视的作用，一个能成为国际通用性语言的国家，往往主宰了经济与政治交往的主动权，从而更有利于本国的经济发展，然而现代社会在追求高效的增长下更要求带有国家多样性的特色，使得语言冲突成为经济交往中的障碍。如何在这次贸易互通、民心相通的丝绸之路盛宴上能够保持经济效率而又保证国家之间的文化特色，成为我们要研究的主要课题。

9.4.1 "一带一路"上的政治经济现状与初步构建语料库的构想

在研究"一带一路"上的文化传播时，孙宏开（2009）研究发现丝绸之路上存在众多语言融合成混合语的现象，比如汉语与阿尔泰语融合形成的甘肃唐汪话，汉、藏、阿尔泰语融合形成的青海五屯话，甚至还有波斯语与维吾尔语融合形成的新疆艾依努话等，这些混合语言的形成为经济发展提供了便利性。从地域分布来看，陆上丝绸之路主要通过西北五省经过中亚、俄罗斯辐射至欧洲国家。西北五省通常的交流语言均为汉语，而中亚国家则主要为斯拉夫语系的俄语以及与阿尔泰语系的哈萨克语、乌兹别克语、塔吉克语、吉尔吉斯语、土库曼语，欧洲主要为印欧语系。西北五省与邻近的中亚国家均不属于发达地区，彼此更需要相互贸易与资本交流成为地区经济新的增长极。然而现实的文化层面的状况在于，西北五省的汉语与俄语及其变种语系的交流存在困难，与汉语不同的是，以俄语为代表的斯拉夫语系通过词尾变化来表现语法，语言显示符号与汉语具有很大的不同，所以在经济贸易交流中势必会因为语言沟通的障碍加大经济成本，从而成为"一带一路"上的一个隐患。陆上丝绸之路的核心区的经济文化状况如表 9-2 所示。

表 9-2　陆上丝绸之路的核心区的经济文化状况

国家/地区	人口 （百万）	面积 （平方千米）	GDP （百万美元）	常用语言	语言学习时长 （小时）
西北五省	99.37	3043000	632615	汉语	2200
哈萨克斯坦	16.6	2699700	205418	哈萨克语、俄语	1100
吉尔吉斯斯坦	5.6	191800	268	吉尔吉斯语、俄语	1100
塔吉克斯坦	8.4	139960	9319	俄语、塔吉克语	1100
乌兹别克斯坦	29.3	425400	62177	北乌兹别克语、俄语	1100
土库曼斯坦	5.3	469930	48901	土库曼语	1100
俄罗斯	142.5	16376870	1865328	俄语	1100

与陆上丝绸之路不同的是，海上丝绸之路相比较陆上的语言要更加复杂，

除了传统的汉藏语系与印欧语系的碰撞之外，还加入了东北亚地区的含闪语系，使语言交流更加纷繁复杂。但是由于海上丝绸之路所经过地区及辐射地区较陆上丝绸之路所经过地区较为发达，英语普及程度较高，因而为构建海上丝路提供了便利。如表9-3所示，海上丝绸之路所经核心国家与陆上丝绸之路所经核心国家经济总量相似，但人口众多，而辐射国家经济发展水平较高，也以英语为主要贸易语言。

表9-3　海上丝绸之路主要国家的经济文化状况

国家/地区	人口（百万）	面积（平方千米）	GDP（百万美元）	常用语言	学习时长（小时）
中国	1393.8	9388211	10066674	汉语	2200
缅甸	53.7	653290	67628	缅甸语	575
泰国	67.2	510890	405533	泰语	575
柬埔寨	15.4	176520	16435	高棉语、英语	575
马来西亚	30.2	328550	326113	马来语	575
新加坡	5.5	700	301193	英语、马来语	575
印度尼西亚	252.8	1811570	848025	印尼语	575
越南	92.5	310070	186599	越南语	575
老挝	6.9	230800	11667	老挝语、英语	575
菲律宾	100.1	298170	285098	菲律宾语、英语	575
文莱	0.4	5270	14971	文莱语、英语	575
日本	127	364560	4586748	日语	1100
韩国	49.5	97350	1415934	韩语	1100
印度	1267.4	2973190	2041085	英语、印地语	575

从上述的分析中可以看到，陆上丝绸之路沿线国家语言复杂，未形成统一语言，而且国家文化强硬，因而强行使用英语作为主要的交流语言势必会遭到陆上丝绸之路国家的反抗；而海上丝绸之路由于与外界贸易频繁，对国民之间使用英语交流并未有明显障碍，因此，我们建议构建汉语、俄语以及英语的多语语料库作为"一带一路"经济带上的重要交流工具。

9.4.2　"一带一路"专业语料库的设计思路

由于"一带一路"将带来一个巨大的经济繁荣体，因此，依靠最传统的人工翻译作为陆上与海上丝绸之路经济文化交流的主要手段显然力不从心，机器翻译的效率性逐渐凸显出来。在 20 世纪末，计算机技术的迅猛发展使得语言资料的翻译以文本形式大规模储存下来成为可能，语料库技术成为西方世界研究印欧语系学科的主要技术。它们将这种语料库技术用来研究翻译学的准确性以及词汇之间的某些特殊联系，取得了重大的成功。基于该方法的广泛应用，语料库在翻译研究中的地位和作用日渐凸显，形成了基于语料库视角展开翻译研究的局面。随着研究不断深入，尤其是进入 21 世纪之后，语料库方法的相关研究在国内也逐渐兴起，吸引了大量学者关于语料库翻译学的研究，为我国中—外文翻译语料库建设提供了理论依据，也在不同程度上为翻译效率的提高奠定了坚实的理论基础。与国内研究相比，国外语料库翻译学主要围绕英语翻译展开研究，并深入探讨印欧语系之间的互译语料库建设，但是对于汉语语料库的研究却显不足。对于汉语语料库的研究，具有一定代表性的研究当属学者王克非（2012）的分析，他在文章中探讨了旅游用语视角下的中英双语语料库建设问题，提出了专门语料库研发和建设的建议。

在当前信息技术和"大数据"统计分析工具帮助下，语料库语言学的发展呈现出崭新的发展态势，并进一步拓宽了语言学及翻译研究的研究视角。从当前"一带一路"倡议的实施过程来看，随着交易规模的扩大，相关利益主体在经贸交往过程中存在的文化矛盾和冲突涉及了新闻、商贸、法律、金融、科技、医学、旅游等诸多领域，而语言障碍因素使得相应领域的矛盾冲突更加凸显，因而通过专业的"一带一路"语料库建设，为加强"一带一路"沿线主体之间的交流融合起到积极的促进作用。就"一带一路"语料库而言，设计目的有三：一是研究用途，包括"一带一路"上各种语言本身特点的研究及"一带一路"专业文化研究。研究问题包括"一带一路"上在经济文化交流翻译在语言特点上是否存在与普通翻译一样的共性，这些语言中暗含了怎样的文化特征。二是翻译教学用途，本语料库将为"一带一路"上的翻译提供真实的翻译教学材料，并为研究"一带一路"提供真实和多样化的资源。三是实用性，即语料库的建设能够为从事涉外经贸合作的工作人员提供方便快捷的翻译参考，而且涉及汉、俄、德等多种语言的互译，为不同领域和部门的工作人员提供必要的翻译学习资料，为提高他们的语言综合能力、提升综合业务水平创造条件。

不过，从性质来看，本语料库属于专用、同质的语料库，只收集与"一带一路"相关的多语原生性文本及相关的互译文本，这种采样方式决定了其更多使用目的性文本取样标准，这和异质语料库随遇性原则取样标准存在较大差异，为了弥补目的性文本取样的不足，提高文本内容与语料库研制目的的契合度，本书强调在语料库建设过程中既要不同语言专家参与制定基本标准之外，还要采取定期报告和审视等方法，保障语料库文本在经济实践中的适应性与代表性。

（1）语料库的构成和大小：从整体上看，本语料库由一个多语翻译对应语料库与一个多语类比语料库组成。其均为动态语料库，即在将来会按每两年一次的频率，通过严格筛选把符合条件的文本补充至各语料库中，进一步优化语料库的内容和结构，提高语料库的适应性和应用性。这类语料库与目前静态的语料库相比，存在两大优势：一是从语料库建设角度来看，这类语料库通过动态优化方法，丰富了语料库内容；二是从应用性角度来看，通过动态设计能够紧密结合"一带一路"发展战略实施进程，补充适应不同主体经贸交易的需要，准确反映"一带一路"沿线国家语言之间呈现的不同特点和构词风格。此外，动态调整的语料库建设，也为研究人员分析"一带一路"沿线国家语言和文化特色提供了必要的工具支撑，为丰富我国语言学研究创造了基础。

（2）针对语料选取和代表性问题，本语料库拟采取以下几条选择标准：第一，社会语域标准（如分为政府报告、经贸合同等），具体是按照满足社会不同形式需要将语料进行分层，按照均衡或者一定比例的原则，把具有代表性的语料筛选入库；第二，错误更正标准，即筛选、删除所有含有错误信息的语料，并根据特定语域对删除的语料进行修正，将含有正确语法、用词的语料补充到语料库之中；第三，灵活性标准，即按照翻译"信、达、雅"的要求，对于那些严格按照原文句法结构或者不考虑用语习惯的译文进行删除，而将那些贴近生活且表述规范的译文收录到语料库之中；第四，可接受性标准，即部分文本需要精通双语的专家和翻译教师进行审阅，保障语料库文本能够在语言和用法上获得使用者的认可，提高语料库文本的可接受性。

第10章 结论与研究展望

10.1 主要结论

本书通过分析历史上语言变化的趋势，发现了语言单一化、简单化、集中化的趋势，并以此为依据提出"语言政策"这一核心关键，用来解释由于语言政策引发经济增长的国家差异，从理论上研究了语言作为制度符号（文化标识）对经济增长产生的影响并阐述了其逻辑机理，构建了语言影响经济增长的理论框架。现有关于语言经济学的研究主要研究了语言作为交流工具对于人力资本和国际贸易的影响，而对于语言作用的机理并未进行全面探讨。本书从偏好、交易成本和技术进步三个经典经济学基本定理出发，推演了不同语言政策及不同语言政策结果对于经济增长的影响机理。理论上证明了语言制度的安排能够形成对生产要素的重新配置，进而影响经济增长及效率。从偏好、交易成本、技术扩散三个基本概念出发，我们从理论上构建了语言政策影响经济增长的三个渠道：①语言通过贸易偏好影响国际贸易和投资，从而影响经济增长效率；②语言通过改变国际贸易和投资的交易成本影响经济增长；③语言通过改变技术交流效率影响技术扩散，从而改变国家间的增长效率。我们利用世界范围内面板数据对三个基本假设进行了检验，随后通过对亚洲国家语言政策的分析进一步验证了这三个理论，最后我们将视野回归至中国，观察改革开放40多年中国外语教学的改变是否能够通过语言特质影响经济增长，为中国进行语言战略规划提供现实和理论依据。为此，本书的主要结论有：

第一，语言具有地理差异，但每一种都可以二重地去观察，即从文化属性方面和工具属性两个角度来看，语言的特质是这两种属性的统一。一种语言的价值，可以使用学习的劳动量来衡量，即劳动者社会平均学习时间。然而，语言的特质在于，由于学习者本身的特征，社会平均学习时间是有差异的。因此，语言特质表现在语言的绝对难度和相对难度上，量化性的语言主要采用语言的学习时间进行度量。不同的语言传达着不同的文化信息，不同的语言在交流碰撞时也必然会受到语言及其蕴含的思维方式的制约，因而语言能够通过改变决策者的偏好与成本，从而对经济运行结果产生一定的影响。

第二，在语言偏好的约束下，语言政策是影响贸易契约形成的重要因素，它通过 FDI 溢出效应影响一国经济增长水平。由于语言政策所体现的这种文化认同有所差别，因此在跨国公司的投资决策中，它们会更偏向于拥有相似文化底蕴的贸易伙伴，这种相似性体现在共同的文化理解和商业精神上（包括法律与政治经济环境、商业水平和语言）促使双方获得足够的信任与交易信息，语言与交易偏好应当呈反向相关关系。正是文化驱动下的语言偏好，决定了相似条件下东道国更偏向于投资语言特质相似的国家，从而以 FDI 的溢出效应带动一国经济发展。

第三，语言的难度是未观测到的交易成本，它通过贸易成本影响一国的经济增长水平，并通过物品的规模效应反作用于交易语言选择。一旦这种文化因素确定下来，那么语言的成本则显现无疑，跨国贸易的谈判、合同的签订都与语言成本有着巨大的关系，每个东道国都更偏向于与语言学习成本更小的经济体交往。对交易效率的追求，促使双方倾向使用更简便易懂的语言，即使后来翻译出现，受翻译成本限制，双方也会选择更为便利的语言即相对难度较小的语言，以降低贸易成本。同时语言像其他知识一样具有公共物品的属性，它能够以零成本进行外溢，一旦形成规模效应，这种语言的便利特质则更明确地体现了出来——不论在何种地方交易，只要是使用双方都能以较小成本使用的语言，那么这笔交易总能顺利地进行，在这种情形下，反而更加强了便利性特质语言的地位。

第四，语言的本质是人类进行交流的文字符号，语言是以特定民族形式来表达思想的交际工具，同时语言形式本身又是思维过程的一部分，因此语言形式和思维形式、思维方式都有密切的关系，各民族的思维方式不同，必然会影响到与之对应的语言形式。语言的使用终端是人，因此语言特质必须依靠人力资本才能发挥作用。技术扩散不但取决于地理、贸易等外部因素，而且取决于技术人员吸收能力的大小，在人力资本水平一定的情况下，相近的语言能够降低技术人员的培训和翻译等相关费用，因此，语言特质主要表现在语言习得的绝对难度和相对难度上，它通过人力资本习得效应的大小对技术进步产生影响，进而对实际产出产生间接影响。

第五，外语学习的经济增长效应不仅关系到我国语言政策与高等教育改革的发展方向，更关系到我国经济制度的改革与转型。高考英语改革能够有效通过 FDI、国际贸易和技术创新对中国经济增长产生积极影响，一系列稳健性检验同样证明，英语标准化测试改革对地区经济增长产生了积极的正向影响。因此在促进我国经济平稳发展过程中，外语学习政策调整应该以提高市场主体外语应用能力为核心，发挥其在经济交往和技术创新过程中的重要作用，从而有效释放语言红利对于中国经济发展的积极作用。

第六，本书以近现代中国语言特质的四次变迁与中国经济增长的历史回顾为起点，分析了语言政策变迁与经济发展相互作用的机理。语言的工具属性与文化属性同步弱化时，能够降低市场交易费用，提高交易效率从而带来经济增长；当经济增长数量达到一定阶段时，语言的工具属性与文化属性之间相互强化，能够影响经济主体对于要素的选择、福利分配制度的改变、环境问题的重视与国民素质的提高，从而间接影响经济增长与发展。

10.2　进一步研究方向

本书从理论上研究了语言作为制度符号（文化标识）对经济增长产生的影响并阐述了其逻辑机理，初步构建了语言特质影响经济增长的理论框架，并通过数据实证检验了语言特质对国家间经济增长的影响。然而，本书对于语言特质的研究仍然存在着一定的问题：

第一，笔者深入语言政策的本质特征研究了语言这种文化具形对于经济增长的影响，然而对于语言的研究仍然需要哲学和语言学的支持，仅仅考虑语言的文化偏好和工具属性是较为浅薄的。如不同的语言效率，其对经济发展的程度也会不同。

第二，受制于统计数据的限制，本书对语言学习难度的衡量及其变化并不够精确，尤其是语言的相对学习难度仅仅是衡量了相对于英语的学习难度。虽然我们在第6章曾考虑利用TOFEL成绩描述语言的相对学习难度的变化，然而仍然存在着缺陷。因此，我们下一步的研究将集中在采用微观调研的方法测度语言的相对学习难度，以便更好地进行研究。

第三，虽然我们从宏观角度解释了语言政策与经济的演变过程，但我们依然缺乏微观机制，尤其是个人视角下的语言与经济偏好的影响，如自然语言和机器语言对于个人经济交往的影响，这需要心理学与实验经济学的进一步研究。

第四，虽然我们在第7章也探讨了外语教育政策与国民语言能力提高的路径与政策，但是我们的研究与国家语言战略与语言实力提升的要求还有差距，那么如何通过语言政策提高本国母语的地位，还需要语言学、教育学与经济学的进一步深入研究。

第五，虽然我们在第8章探讨了语言的工具属性与文化属性交织对于经济发展各个方面的影响，也做了初步的计量检验，但是受限于统计数据我们并没有找到更适合的变量用以解释语言的文化属性对于经济发展的影响，因此在未来的研究中我们会进一步从现有的文化现象中寻找合适变量，形成更科学合理的论证。

参考文献

[1] Albuquerque P. , Bronnenberg B. J. , Corbett C. J. A Spatiotemporal Analysis of the Global Diffusion of ISO9000 and ISO14000 Certification [J]. Management Science, 2007, 53 (10): 451-468.

[2] Alesina A. , Giuliano P. The Power of the Family [M]. Cambridge: Harvard University, 2007.

[3] Alesina A. , La Ferrara E. Ethnic Diversity and Economic Performance [J]. Journal of Economic Literature, 2005 (43): 762-800.

[4] Anderson B. Imagined Communities: Reflections on the Origin and Spread of Nationalism [M]. New York: Verso, 2006.

[5] Anderson J. E. , Van Wincoop E. Gravity with Gravitas: A Solution to the Border Puzzle [J]. The American Economic Review, 2014 (93): 170-192.

[6] Arrow, Kenneth J. Classificatory Notes on the Production and Transmission of Technological Knowledge [J]. American Economic Review, 1969, 59 (2): 29-35.

[7] Baptista R. Do Innovations Diffuse Faster within Geographical Clusters? [J]. International Journal of Industrial Organization, 2000 (18): 515-535.

[8] Barner-Rasmussen W. , Björkman I. Language Fluency, Socialization and Inter-unit Relationships in Chinese and Finnish Subsidiaries [J]. Management and Organization Review, 2007 (3): 105-128.

[9] Barry R. Chiswick, Paul W. Miller. The Endogeneity between Language and Earnings: An International Analyses [J]. Journal of Labor Economics, 1995,

13 (2): 246-288.

[10] Beckerman W. Distance and the Pattern of Inter-European Trade [J]. Review of Economics and Statistics, 1956, 38 (1): 31-40.

[11] Benhabib J., Spiegel M. M. Human Capital and Technology Diffusion [J]. Handbook of Economic Growth, 2005 (1): 935-966.

[12] Blomström M., Kokko A. Multinational Corporations and Spillovers [J]. Journal of Economic Surveys, 1998 (12): 247-277.

[13] Bloom, David E., Gifles Grenier. Economic Perspectives on Language: The Relative Value of Bilingualism in Canada and the United States [M]. Chicago: The University of Chicago Press, 1992: 445-451.

[14] Borjas G. The Economics of Immigration [J]. Journal of Economic Literature, 1994, 32 (4): 1661-1717.

[15] Bourdieu P. The Forms of Capital [M]. Westport: Greenwood, 1986.

[16] Braj B. Kachru. Asian Englishes: Beyond the Canon [M]. Hong Kong: Hong Kong University Press, 2005.

[17] Branstetter L. Is Academic Science Driving a Surge in Industrial Innovation? Evidence from Patent Citations [J]. NBER Working Paper, 2005.

[18] Breton A., Mieskowski P. The Returns to Investment in Language: The Economics of Bilingualism [M]. Toronto: University of Toronto, Institute for Policy Analysis, 1995.

[19] Bronwyn H., Christian H. Innovation and Diffusion of Clean/green Technology: Can Patent Commons Help? [J]. Journal of Environmental Economics and Management, 2013, 66 (1): 33-51.

[20] Caselli F., Coleman W. J. Cross-country Technology Diffusion: The Case of Computers [J]. American Economic Review, 2001, 91 (2): 328-335.

[21] Chan C. M., Isobe T., Makino S. Which Country Matters? Institutional Development and Foreign Affiliate Performance [J]. Strategic Management Journal, 2008 (29): 1179-1205.

[22] Chiswick Barry R. Immigration, Language and Ethnicity, Canada and the United States [M]. Washington D. C.: American Enterprise Institute, 1993.

［23］Chiswick, Barry R. Speaking, Reading, and Earnings among Low - Skilled Immigrants ［J］. Journal of Labor Economics, 1991 （9）: 149-170.

［24］Comin D. , Hobijn B. Cross-Country Technology Adoption: Making the Theories Face the Facts ［J］. Journal of Monetary Economics, 2004 （51）: 39-83.

［25］Comin D. , Hobijn B. An Exploration of Technology Diffusion ［J］. American Economic Review, 2010, 100 （5）: 2031-2059.

［26］Cosar A. K. Human Capital, Technology Adoption and Development ［J］. The B. E. Journal of Macroeconomics, 2011, 11 （1）: 37.

［27］Davis, Lewis S. , Abdurazokzoda F. Language, Culture and Institutions: Evidencec from a New Linguistic Dataset ［J］. Journal of Comparative Economics, 2016, 44 （3）: 541-561.

［28］Desmet K. , Ortuño - Ortín I. , Wacziarg R. Linguistic Cleavages and Economic Development ［M］. UK : Palgrave Macmillan, 2016.

［29］Dow D. , A. Karunaratna. Developing a Multidimensional Instrument to Measure Psychic Distance Stimuli ［J］. Journal of International Business Studies, 2006, 37 （5）: 578-602.

［30］Dustmann C. Speaking Fluency, Writing Fluency, and the Earnings of Migrants ［M］. London: Center for Economic Policy Research, 1994.

［31］Dyen I. , Kruskal J. B. , Black P. An Indo-European Classification: A Lexicostatistical Experiment ［J］. Transactions of the American Philosophical Society, 1992 （82）: 1-132.

［32］Eaton J. , Kortum S. Technology, Geography and Trade ［J］. Econometrica, 2002, 70 （5）: 1741-1779.

［33］Edward P. Lazear. Culture and Language ［J］. Journal of Political Economy, 1999, 107 （6）: 95-126.

［34］Evans J. , Treadgold A. , Mavondo F. T. Psychic Distance and the Performance of International Retailers: A Suggested Theoretical Framework ［J］. International Marketing Review, 2000, 17 （4/5）: 373-391.

［35］Feenstra, Robert C. , Robert Inklaar, Marcel P. Timmer. The Next Generation of the Penn World Table ［EB/OL］. www. ggdc. net/pwt.

[36] Felbermayr G. J. , Toubal F. Cultural Proximity and Trade [J]. European Economic Review, 2010, 54 (2): 279-293.

[37] Fidrmuc Jan, Fidrmuc Jarko. Foreign Languages and Trade: Evidence from a Natural Experiment [J]. Empirical Economics, 2016, 50 (1): 31-49.

[38] Galang R. M. N. Divergent Diffusion: Understanding the Interaction between Institutions, Firms, Networks and Knowledge in the International Adoption of Technology [J]. Journal of World Business, 2014 (49): 512-521.

[39] Galang R. M. N. Government Efficiency and International Technology Adoption: The Spread of Electronic Ticketing among Airlines [J]. Journal of International Business Studies, 2012 (43): 631-654.

[40] Gandal N. The Effect of Native Language on Internet Use [J]. The International Journal of the Sociology of Language, 2006 (182): 25-40.

[41] Gay V. , Hicks Daniel L. , Santacreu-Vasut E. , Shoham A. Decomposing Culture: Can Gendered Language Influence Women's Economic Engagement? [J]. Fox School of Business Research Paper, 2015 (15): 46.

[42] Ginsburgh V. , Weber S. Language Disenfranchisement in the European Union [J]. Journal of Common Market Studies, 2005 (43): 273-286.

[43] Gonzalez. Nonparametric Bounds on the Returns to Language Skills [J]. Journal of Applied Econometrics, 2005, 20 (6): 771-795.

[44] Govindarajan V. , Gupta A. K. Global Dominance: Transforming Global Presence into Global Competitive Advantage [M]. Jossey – Bass, San Francisco: Calif, 2001.

[45] Graddol D. The Future of English? [M]. Beijing: Foreign Language Teaching and Research Press, 1999.

[46] Greif Avner. Cultural Beliefs and the Organization of Society: A Historical and Theoretical Reflection on Collectivist and Individualist Societies [J]. The Journal of Political Economy, 1994, 102 (5): 912-950.

[47] Grenier G. Bilinguisme, Transferts Linguistiques et Revenus de Travail au Québec: Quelques Éléments D'interaction [M]. In Économie et Langue: François Vaillancourt (Québec: Éditeur Officiel), 1985.

［48］Grenier G. The Effects of Language Characteristics on the Wages of Hispanic American Males ［J］. Journal of Human Resources, 1984 (19): 35-52.

［49］Grin F. Economics and Language Policy ［M］. Massachusettes: The Mit Press, 2007.

［50］Grin F. Language Policy Evaluation and the European Charter for Regional or Minority Languages ［M］. London: Palgrave, 2003.

［51］Grin F. The Economics of Language: Survey, Assessment and Prospects ［J］. International Journal of the Sociology of Language, 1996 (121): 17-44.

［52］Grin F. Language Planning and Economics ［J］. Current Issues in Language Planning, 2003, 4 (1): 1-66.

［53］Guiso L. , P. Sapienza, L. Zingales. Cultural Biases in Economic Exchange? ［J］. Quarterly Journal of Economics, 2009 (124): 1095-1131.

［54］H. Bleakley, A. Chin. Language Skills and Earnings: Evidence from Childhood Immigrants ［J］. Review of Economics and Statistics, 2004, 86 (2): 481-496.

［55］Harris R. G. The Economics of Language in a Virtually Integrated Global Economy ［M］. Ottawa: Department of Public Works and Government Services Canada, 1998.

［56］Hicks, Daniel L. , Santacrue-Vasut E. , Shoham A. Does Mother Tongue Make for Women's Work? Linguistics, Household Labor and Gender Identity ［J］. Journal of Economic Behavior & Organization, 2015 (110): 19-44.

［57］Jaffe A. B. , Trajtenberg M. , Fogarty M. S. Knowledge Spillovers and Patent Citations: Evidencefrom a Survey of Inventors ［J］. American Economic Review, 2000 (90): 215-218.

［58］Jan F. , Ginsburgh V. Languages in the European Union: The Quest for Equality and Its Cost ［J］. European Economic Review, 2007 (51): 1351-1369.

［59］Jensen R. , Szulanski G. Stickiness and the Adaptation of Organizational Practices in Cross-border Knowledge Transfers ［J］. Journal of International Business Studies, 2004 (35): 508-523.

［60］Ji L. J. , K. P. Peng, R. E. Nisbett. Culture, Control and Perception of Environment [J]. Journal of Personality and Social Psychology, 200 (78): 943-955.

[61] Johne, Joseph. Globalization and the Spread of English: The Long Perspective [J]. Journal of Southeast Asian, 2001, 2 (2): 212-240.

[62] Jones C. R&D Based Model of Economic Growth [J]. Journal of Political Economy, 1995 (103): 759-784.

[63] Joshua D. Angrist and Victor Lavy. The Effect of a Change in Language of Instruction on the Returns to Schooling in Morocco [J]. Journal of Labor Economics, 1997, 15 (1): S48-S76.

[64] Julianne Maher, Fishermen, Farmers. Traders: Language and Economic History on St. Barthélemy, French West Indies [J]. Language in Society, 1996, 25 (3): 373-406.

[65] Kashima, Emiko S. , Yoshihisa Kashima. Culture and Language: The Case of Cultural Dimensions and Personal Pronoun Use [J]. Journal of Cross-Cultural Psychology, 1998, 29 (3): 461.

[66] Keller W. Geographic Localization of International Technology Diffusion [J]. American Economic Review, 2002 (92): 120-142.

[67] Keller W. International Technology Diffusion [J]. Journal of Economic Literature, 2004 (4): 752-782.

[68] Kerr W. R. Ethnic Scientific Communities and International Technology Diffusion [J]. Review of Economics and Statistics, 2008 (90): 518-537.

[69] Kokkoa A. , Patrik G. Tingvallb. Distance, Transaction Costs, and Preferences in European Trade [J]. The International Trade Journal, 2014 (28): 87-120.

[70] Kossoudji, Sherrie A. English Language Ability and the Labor Market Opportunities of Hispanic and East-Asian Immigrant Men [J]. Journal of Labor Economics, 1988 (6): 205-208.

[71] Kramsch C. Context and Culture in Language Teaching [M]. Oxford: Oxford University Press, 1993.

[72] Kua H. , A. Zussman. Lingua Franca: The Role of English in International Trade [J]. Journal of Economic Behavior & Organization, 2010 (75): 250-260.

［73］Kaplan R. B. , Baldauf R. Language Planning: From Practice to Theory ［M］. Clevedon: Multilingual Matters, 1997.

［74］Lang K. A Language Theory of Discrimination ［J］. The Quarterly Journal of Economics, 1986 （100）: 363-381.

［75］Lantolf J. P. , S. L. Thorne. Sociocultural Theory and the Genesis of Second Language Development ［M］. Oxford: Oxford University Press, 2006.

［76］Lee S. M. , Ungson G. R. Towards a Theory of Synchronous Technological Assimilation: The Case of Korea's Internet Economy ［J］. Journal of World Business, 2008 （43）: 274-289.

［77］Licht, Amir N. , Goldschmidt C. , Shalom H. Schwarz. Culture Rules: The Foundations of the Rule of Law and Other Norms of Governance ［J］. Journal of Comparative Economics, 2007, 35 （4）: 659-688.

［78］López-Puyeo C. , Mancebón M. J. Innovation, Accumulation and Assimilation: Three Sources of Productivity Growth in ICT Industries ［J］. Journal of Policy Modeling, 2010 （32）: 268-285.

［79］M. Keith Chen. The Effect of Language on Economic Behavior: Evidence from Savings Rates, Health Behaviors, and Retirement Assets ［J］. The American Economic Review, 2013, 103 （2）: 690-731.

［80］Matteo G. , Sebastián V. ICT in Developing Countries: Are Language Barriers Relevant? Evidence from Paraguay ［J］. Information Economics and Policy, 2012 （24）: 161-171.

［81］Matteo G. , S. Vergara. ICT in Developing Countries: Are Language Barriers Relevant? Evidence from Paraguay ［J］. Information Economics and Policy, 2012 （24）: 161-171.

［82］McAdam D. , Rucht D. The Cross National Diffusion of Movement Ideas ［J］. Annals of the American Academy of Political Science, 1993 （528）: 56-74.

［83］McManus, Walter, Gould, William, Welch, Finis. Earnings of Hispanic Men: The Role of English Language Proficiency ［J］. Journal of Labor Economics, 1983 （1）: 101-103.

［84］Mélitz J. Language and Foreign Trade ［J］. European Economic Review,

2008 (52): 667-699.

[85] Mokyr J. The Lever of Riches: Technological Creativity and Economic Progress [M]. New York: Oxford University Press, 1990.

[86] Morris M. W. , K. P. Peng. Culture and Cause: American and Chinese Attributes for Social and Physical Events [J]. Journal of Personality and Social Psychology, 1994 (67): 949-971.

[87] Mungas, Dan, Reed, Bruce R. , Haan, Mary N. , González. Spanish and English Neuro-psychological Assessment Scales: Relationship to Demographics, Language, Cognition, and Independent Function [J]. Hector Neuropsychology, 2005, 19 (4): 466-475.

[88] McCarty T. L. Ethnography and Language Policy [M]. New York and London: Routledge, 2011.

[89] Oh C. H. , Selmier II W. T. , D. Lien. International Trade, Foreign Direct Investment, and Transaction Costs in Languages [J]. Journal of Socio-Economics, 2011, 40 (6): 732-735.

[90] Parente S. L. , Prescott E. C. Barriers to Technology Adoption and Development [J]. Journal of Political Economy, 1994, 102 (2): 298-321.

[91] Paul D. Ellisa. Paths to Foreign Markets: Does Distance to Market Affect Firm Internationalisation? [J]. International Business Review, 2007, 16 (5): 573-593.

[92] Pavel Pelikán. Language as a Limiting Factor for Centralization [J]. The American Economic Review, 1969, 59 (4): 625-631.

[93] Perkins H. D. "Introduction" in China's Modern Economy in Historical Perspective [M]. San Francisco: Stanford University Press, 1975.

[94] Romer P. Endogenous Technological Change [J]. Journal of Political Economy, 1990, 98 (5): 71-102.

[95] Rosenberg N. , Birdzell E. How the West Grew Rich: The Economic Transformation of the Industrial World [M]. New York: Basic Books, 1986.

[96] Sabourin, Conrad. La Théorie des Environnements Linguistiques [J]. In Économie et Langue, François Vaillancourt, 1985: 59-82.

[97] Sandra G. Kouritzin, Nathalie A. Piquemal, Robert D. Renaud . An International Comparison of Socially Constructed Language Learning Motivation and Beliefs [J]. Foreign Language Annals, 2009, 42 (2): 287-317.

[98] Santacreu-Vasut E. , Shenkar O. , Shoham A. Linguistic Gender Marking and Its International Business Ramifications [J]. Journal of Internationl Business Studies, 2014 (45): 1170-1178.

[99] Santacreu-Vasut E. , Shoham A. , Gay V. Do Female/male Distinctions in Language Matter? Evidence from Gender Political Quotas [J]. Applied Economic Letters, 2013 (20): 495-498.

[100] Selten R. , Pool J. The Distribution of Foreign Language Skills as a Game Equilibrium [M]. Berlin: Springer-Verlag, 1991.

[101] Sousa C. M. P. , Martinéz-Lopés F. J. , Coelho F. The Determinants of Export Behavior: A Review of the Research in the Literature Between 1998 and 2005 [J]. International Journal of Management Reviews, 2008, 10 (4): 343-374.

[102] Spierdijk L. , Vellekoop M. H. Geography, Culture and Religion: Explaining the Bias in Eurovision Song Contest Voting [M]. The Netherlands: Department of Applied Mathematics, University of Twente, 2006.

[103] Schiffman H. F. Linguistic Culture and Language Policy [M]. London and New York: Routledge, 1996.

[104] Srivastava K. R. , Green R. T. Determinants of Bilateral Trade Flows [J]. Journal of Business, 1986, 59 (4): 623-640.

[105] Spolsky B. Language Policy: Key Topics in Sociolinguistics [M]. Cambridge: Cambridge University Press, 2004.

[106] Taavo S. Demand-Based Determinants of Trade: The Role of Country Preferences [M]. Stockholm: Master's Thesis, Stockholm School of Economics, 2008.

[107] Tabellini G. Institutions and Culture [J]. Journal of the European Economic Association, 2008, 6 (2/3): 255-294.

[108] Tadesse B. , White R. Cultural Distance as a Determinant of Bilateral

Trade Flows: Do Immigrants Counter the Effect of Cultural Differences? [J]. Applied Economics Letters, 2010, 17 (2): 147-152.

[109] Tadesse B., White R. Does Cultural Distance Hinder Trade in Goods? A Comparative Study of Nine OECD Member Nations [J]. Open Economies Review, 2010, 21 (2): 237-261.

[110] Tainer, Evelina. English Language Proficiency and Earnings among Foreign-born Men [J]. Journal of Human Resources, 1988 (23): 108-122.

[111] Tang L., Koveos P. E. Embodied and Disembodied R&D Spillovers to Developed and Developing Countries [J]. International Business Review, 2008 (17): 546-558.

[112] Throsby David. Cultural Capital [J]. Journal of Cultural Economics, 1999, 23 (1): 3-12.

[113] Tsuda Y. The Hegemony of English and Strategies for Linguistic Pluralism: Proposing the Ecology of Language Paradigm [M]. New York: Routledge, 2008.

[114] Tollefson J. W. Planning Language, Planning Inequality: Language Policy in the Comuunity [M]. London: Longman, 1991.

[115] Victor A., Ginsburgh, Ignacio Ortuo-Ortín, Shlomo Weber. Learning Foreign Languages: Theoretical and Empirical Implications of the Selten and Pool Model [J]. Journal of Economic Behavior & Organization, 2007 (64): 337-347.

[116] Wejnert B. Integrating Models of Diffusion of Innovations: A Conceptual Framework [J]. Annual Review of Sociology, 2002 (28): 297-327.

[117] White R., Tadesse B. Cultural Distance and the US Immigrant [J]. The World Economy, 2008, 31 (8): 1078-1096.

[118] Willian J. Sutherland. Parallel Extinction Risk and Global Distribution of Languages and Species [J]. Nature, 2003 (15): 276-279.

[119] Zhang Y., Li H., Li Y., Zhou L. A. FDI Spillovers in an Emerging Market: The Role of Foreign Firms' Country Origin Diversity and Domestic Firms' Absorptive Capacity [J]. Strategic Management Journal, 2010 (31): 969-989.

[120] 塞缪尔·亨廷顿, 劳伦斯·哈里森. 文化的重要作用: 价值观如何

影响人类进步［M］. 程克雄译. 北京：新华出版社，2010.

［121］埃里克·弗鲁博顿，鲁道夫·芮切. 新制度经济学：一个交易费用分析范式［M］. 上海：格致出版社，2015.

［122］薄守生. 语言规划的经济学分析［J］. 制度经济学研究，2008（2）：58-81.

［123］宾建成，徐清军. 主要英语国家经济与非英语国家经济的比较分析［J］. 当代财经，2007（7）：90-94.

［124］常荔，邹珊刚，李顺才. 基于知识链的知识扩散的影响因素研究［J］. 科研管理，2001（5）：122-127.

［125］陈媛媛. 普通话能力对中国劳动者收入的影响［J］. 经济评论，2016（2）：108-122.

［126］邓辉. 世界文化地理［M］. 北京：北京大学出版社，2010.

［127］邓炎昌，刘润清. 语言与文化——汉英语言文化对比［M］. 北京：外语教学与研究出版社，2008.

［128］费尔迪南·德·索绪尔. 普通语言学教程［M］. 高名凯译. 北京：商务印书馆，2014.

［129］刚翠翠，任保平. 语言特质对经济增长的影响：理论解释与经验检验［J］. 经济科学，2015（3）：32-41.

［130］顾国达，张正荣. 文化认同在外商直接投资信号博弈中的作用分析［J］. 浙江社会科学，2007（1）：16-21.

［131］韩文秀. 国际货币、国际语言与国家实力［J］. 管理世界，2011（6）：1-10.

［132］郝成淼. 给外语热降温？——从外语教育政策角度理性思考当前争议［J］. 语言教育，2014（2）：8-13.

［133］胡晓明. 如何讲述中国故事？——"中国文化走出去"的若干理论与实践问题［J］. 华东师范大学学报（哲学社会科学版），2013（5）：107-117+155.

［134］花建. 文化产业竞争力的内涵、结构和战略重点［J］. 北京大学学报（哲学社会科学版），2005（2）：10-16.

［135］黄少安，张卫国，苏剑. 语言经济学及其在中国的发展［J］. 经济

学动态，2012（3）：41-46.

[136] 黄少安. 交易成本节约与民族语言多样化需求的矛盾及其化解 [J]. 天津社会科学，2015（1）：132-135.

[137] 加里·贝克尔. 偏好的经济分析 [M]. 李杰，王晓刚，译. 上海：格致出版社，2015.

[138] 姜琪. 政府质量、文化资本与地区经济发展——基于数量和质量双重视角的考察 [J]. 经济评论，2016（2）：58-73.

[139] 李景峰，刘英. 国际贸易的新制度经济学分析 [J]. 国际经贸探索，2004（2）：16-19.

[140] 李娟伟，任保平，刚翠翠. 异质型文化资本与中国经济增长方式转变 [J]. 中国经济问题，2014（2）：16-25.

[141] 李宇明. 语言也是"硬实力" [J]. 华中师范大学学报（人文社会科学版），2011（9）：68-72.

[142] 林勇，宋金芳. 语言经济学述评 [J]. 经济学动态，2004（3）：65-68.

[143] 刘芳. 语言战略视角下的语言规划发展趋势研究——基于国际语言生活状况的分析 [J]. 江汉学术，2014（6）：71-76.

[144] 刘泉. 外语能力与收入——来自中国城市劳动力市场的证据 [J]. 南开经济研究，2014（3）：137-153.

[145] 刘世生. 语言通用与文化多元 [J]. 外语教学，2004（6）：1-3.

[146] 刘毓芸等. 劳动力跨方言流动的倒 U 型模式 [J]. 经济研究，2015（10）：134-162.

[147] 刘长珍. 从单语主义到多语主义的转变——印度语言政策研究 [D]. 北京：北京外国语大学，2015.

[148] 刘壮，韩宝成，阎彤. 《欧洲语言共同参考框架》的交际语言能力框架和外语教学理念 [J]. 外语教学与研究（外国语文双月刊），2012（7）：616-623.

[149] 卢德平. 汉语国际传播的推拉因素：一个框架性思考 [J]. 新疆师范大学学报（哲学社会科学版），2016（1）：55-61.

[150] 卢现祥，朱巧玲. 新制度经济学 [M]. 北京：北京大学出版社，

2015.

[151] 陆铭, 李爽. 社会资本、非正式制度与经济发展 [J]. 管理世界, 2008 (9): 161-165+179.

[152] 陆铭, 张爽. "人以群分" 非市场互动和群分效应的文献评论 [J]. 经济学 (季刊), 2007 (3): 991-1020.

[153] 罗斯基. 战前中国的经济增长 [M]. 杭州: 浙江大学出版社, 2009.

[154] 马克斯·韦伯. 新教伦理与资本主义精神 [M]. 阎克文译. 上海: 上海人民出版社, 2010.

[155] 宁继鸣. 从交易成本角度看语言国际推广对全球化经济合作的影响 [J]. 山东大学学报 (哲学社会科学版), 2008 (3): 141-148.

[156] 诺姆·乔姆斯基. 语言的科学 [M]. 北京: 商务印书馆, 2015.

[157] 潘镇. 制度质量、制度距离与双边贸易 [J]. 中国工业经济, 2006 (7): 45-53.

[158] 平田昌司. 文化制度和汉语史 [M]. 北京: 北京大学出版社, 2016.

[159] 齐勇锋, 蒋多. 中国文化走出去战略的内涵和模式探讨 [J]. 东岳论丛, 2010 (10): 165-169.

[160] 任保平, 王蓉. 经济增长质量价值判断体系的逻辑探究及其构建 [J]. 学术月刊, 2013 (3): 88-94.

[161] 任保平, 王竹君, 周志龙. 中国经济增长质量的国际比较 [J]. 西安财经学院学报, 2015 (1): 42-49.

[162] 尚杰. 中西: 语言与思想制度 [M]. 北京: 北京大学出版社, 2010.

[163] 沈骑, 夏天. 国际学术交流领域的语言规划研究: 问题与方法 [J]. 外语教学与研究 (外国语文双月刊), 2013 (11): 876-885.

[164] 苏剑, 葛加国. 基于引力模型的语言距离对贸易流量影响的实证分析——来自中美两国的数据 [J]. 经济管理研究, 2013 (4): 61-65.

[165] 苏剑. 语言产业对我国经济增长贡献率的定量估算 [J]. 社会科学家, 2014 (4): 57-60.

[166] 孙希有. 经济发展的人文向度——面向 21 世纪的中国市场经济转型与文化转型 [D]. 长春: 吉林大学, 2013.

[167] 陶士贵, 刘睿辰. 国家实力、国际货币和国际语言的相关性研究

[J]. 经济学家，2013（10）：103-104.

[168] 汪丁丁. 语言的经济学分析 [J]. 社会学研究，2001（6）：86-95.

[169] 韦森. 语言与制序——经济学的语言与制度的语言之维 [M]. 北京：商务印书馆，2014.

[170] 韦森. 言语行为与制度的生成 [J]. 北京大学学报（哲学社会科学版），2005（11）：121-130.

[171] 吴钢. 人文关系网络对国际贸易网络的影响机制及效应研究 [D]. 长沙：湖南大学，2013.

[172] 吴晓萍. 中国形象的提升：来自孔子学院教学的启示——基于麻省大学波士顿分校和布莱恩特大学孔子学院问卷的实证分析 [J]. 外交评论，2011（1）：89-102.

[173] 吴应辉. 国际汉语教学学科建设及汉语国际传播研究探讨 [J]. 语言文字应用，2010（3）：35-42.

[174] 徐现祥，刘毓芸，肖泽凯. 方言与经济增长 [J]. 经济学报，2015（6）：1-32.

[175] 许和连，吴钢. 人文差异与外商直接投资的区位选择偏好 [J]. 财经研究，2013（1）：122-133.

[176] 许念一. 中国汉字规划研究 [D]. 武汉：武汉大学，2015.

[177] 杨慧林. 学术制度、国家政策和语言的力量 [J]. 中国人民大学学报，2009（1）：151-156.

[178] 威廉·冯·洪堡特. 洪堡特语言哲学文集 [M]. 姚小平编译. 北京：商务印书馆，2011.

[179] 易江玲，陈传明. 心理距离测量和中国的国际直接投资——基于缘分视角的分析 [J]. 国际贸易问题，2014（7）：123-132.

[180] 殷华方，鲁明泓. 文化距离和国际直接投资流向：S 型曲线假说 [J]. 南方经济，2011（1）：26-38.

[181] 张强，杨亦鸣. 语言能力及其提升问题 [J]. 语言科学，2013（11）：566-578.

[182] 张卫国，孙涛. 语言的经济力量：国民英语能力对中国对外服务贸易的影响 [J]. 国际贸易问题，2016（8）：97-107.

[183] 张卫国. 语言，及其起源与变迁：一种制度经济学的解释 [J]. 制度经济学研究，2011 (4)：1-31.

[184] 张卫国. 语言的经济学分析：一个综述 [J]. 经济评论，2011 (4)：140-149.

[185] 张文木. 在推进国家语言战略中塑造战略语言 [J]. 马克思主义研究，2011 (3)：83-91+160.

[186] 张先亮，赵思思. 试论国民语言能力与人力资源强国 [J]. 语言文字应用，2013 (5)：2-9.

[187] 赵世举，张先亮，俞士汶，朱学锋，耿立波. 语言能力与国家实力 [J]. 中国社会科学，2015 (3)：104.

[188] 赵世举，葛新宇. 语言经济学的维度及视角 [J]. 武汉大学学报 (人文社会科学版)，2017 (6)：92-104.

[189] 赵守辉，张东波. 语言规划的国际化趋势：一个语言传播与竞争的新领域 [J]. 外国语，2012 (7)：1-11.

[190] 赵颖. 语言能力对劳动者收入贡献的测度分析 [J]. 经济学动态，2016 (1)：32-43.

[191] 中村元. 东方民族的思维方法 [M]. 杭州：浙江人民出版社，1989.

[192] 中国语言文字使用情况调查领导小组办公室. 中国语言文字使用情况调查 [M]. 北京：语文出版社，2006.

[193] 周有光. 中国语文的时代演进 [M]. 北京：人民文学出版社，2009.

[194] 朱成全. 论经济学的语言转向 [J]. 财经问题研究，2004 (7)：3-8.

[195] 左秀兰. 面对英语渗透的语言规划 [J]. 语言文字应用，2006 (2)：29-35.

[196] 戴维·约翰逊. 语言政策 [M]. 方小兵译. 北京：外语教学与研究出版社，2016.

后 记

语言是否能够影响经济增长？M. Keith Chen 在其论文 *The Effect of Language on Economic Behavior：Evidence from Savings Rates，Health Behaviors，and Retirement Assets* 中证明了百年以来乔姆斯基关于语言科学的基本问题：由于语言能够影响人的心智和思维，那么必定会对人们的经济行为产生一定的影响，形成语言影响经济增长的一个强有力的逻辑链条。语言学家认为语言既是一种工具，又能反映人的文化价值观念。我们使用不同的语言，由于其有不同的工具特质与文化属性，从而决定了我们迥异的经济行为，进而对宏观世界的经济运行产生影响。从已有的研究来看，英语有着较强的工具性，同时又代表了西方经济运行的思维模式，因此，英语对以英语为官方语言或通用语言的国家起到了非常重要的作用——例如我们的邻国日本，从明治维新开始就已经将英文当作打开日本国门的重要工具；与我们有着同样中华血统的新加坡更是在"二战"后将英文列为官方语言，为本国的腾飞做好了文化保障；而印度，一个新兴的发展中国家，也选择将英语作为官方语言，形成了本国特色的发展模式。

语言是极富魅丽的东西，因为学习过很多语言，我开始将思路转向这里并思索各种语言的规律。然而它们像一群可爱的小朋友，嘻嘻闹闹中却跟你捉迷藏，等我考完 N1 之后，我正拿着法语书学习语法，突然间发现在我的周围，除了化妆品的标识以外，生活中几乎很少能看到法语的存在。同理，除了在电视中听到"Das Ato"以外也很少见到德文的标识。联系我平常学语言的时间，英语和日语似乎是我轻轻松松就过了的，而法语、西班牙语和德语非常费劲才能学得懂。那么，是不是因为语言的难度会造成交流的成本？如果这种难度造成的成本无法忽略不计，那么它必定会形成人们经济交往中的交易成本，从而造成了各国经济发展中长远的差异。为了让自己明白语言之间的这种差异，我又相继把在市面上能够学到的大语种都学习了一遍，而这种语言上的差异似乎渐渐明晰起来。作为学习这些语言的外国人，掌握它最大的花费不是钱财，而是时间。所以，那时又似乎对劳动价值论有了更深的认知。我们在市面上看到的翻译的价值并不只由需求决定，还由翻译所学习语言的平均时间决定。沿海地区对于日语的需求比内陆多得多，然而日语翻译的价格几乎没有差异。所以，在思考语言成本的变量时，我都会用到平均学习时间而不是寻求市场上的翻译价格，使得本书更具有说服性。

在我还没掌握日语之前，我觉得日语似乎是最难的，因为它虽然与中文在字形上相似，但是从语法结构到逻辑思维都有很大的区别，所以在跟日语外教交流的时候，每当不会说日语的时候，我都会跟他讲英语。所以我相信，对于一个中国人来讲，英语要比日语简单，这一想法随后也被留日归来的田洪志老师所证实。然而当我再去学习法语、德语和西班牙语的时候我才发现，日语对于一个中国人来讲真的是太简单了，我这种半吊子半年就可以达到 N2 的水平，而同样的半年，我只把西班牙语的初级学完，至于去考试简直是不敢想象的事情，但是我的一个美国朋友却告诉我，西班牙语似乎简单得就像陕西话和上海话的区别一样，那时我才意识到对于不同母语的人来讲，学习语言的时间也是不同的，这说明语言存在着相对难度，而这个难度取决于学习者本身的母语。但进一步地，即使牙牙学语时你也会学习语言的一些基本常识，不论任何人都需要掌握的语法结构和字词是语言天生带来的，这就是母语本身的绝对难度，而此时用时间去衡量绝对难度肯定是不合适的，因此我选择了用语法结构来衡量语言的绝对难度。带着对语言初步的认识，我考察了世界各国学习语言与人均 GDP 的关系，当我第一次绘制出语言地图的时候我发现它跟人均 GDP 的分布存在着某种联系：英语国家往往都是高收入国家，而最低收入的国家都有着较难懂的语言；而伴随着经济交往的衰弱，越难的语言似乎越难被保存下来，在我翻阅了关于语言的统计数据后更坚定了我这种信念，世界上每年消失的几十种语言都来自贫穷的国家；而世界上也似乎正形成另一种趋势，那就是我们这个世界正在流行说一种语言——英语。在国际交流中、国际贸易中以及国际合作中，英语似乎成为一种约定俗成的语言。关于这个问题我也查阅了很多文献，大抵上形成的思路是国际政治经济关系形成了英语独特的局面，如果现在中国处于国际政治经济关系的强势地位，那么国际上应当是汉语独大的局面。然而事实并非如此，我们的邻国——日本处于经济强国行列，但是日语也仅仅活跃在东亚地区。因而我考虑到可能的解释在于，英语的国际地位不由任何关系决定，而仅仅是因为英语是世界上比较简单的语言从而降低了人们的交流成本而已。为了解释这个观点，我在第 4 章使用了 GMM 方法估计了在国际贸易中的这种情形，事实证明，我的思考经得住数据的考验。然而在国际合作当中，这种交易成本又是如何实现的，我在第 5 章进行了解释。

那么，如果简单语言能够促进经贸文化交流，从而有利于经济增长，那政策建议似乎是呼之欲出的了。使用简单语言作为官方语言，则可顺利促进经济增长，为了考察这个观点的正确性，我利用亚洲国家腾飞的事实去检验，我发现，"二战"后腾飞的亚洲国家都采用了相同的语言政策，即大力开展第二外语——英语的教学，从每年托福的考试成绩来看，亚洲国家的托福成绩是除印欧语系外最高的，这足以证明展开第二外语的学习是一件非常重要的事情。而正在成为世界工厂的中国全力出击，于是有了浩浩荡荡全民学习英语的高潮。从前几章来看，语言特质对经济增长有着重要影响，亚洲国家的腾飞也足以证明这一点，那么，回到我们自己的国家，全民英语政策是否能够带来经济增长成为我关心的问题，于是我在第 7 章利用双重差分模型研究了这种全民英语政策的影响，发现了与先前一致的结论。但是，我们并不能一味地去学习简单语言，尤其是我们这种富有上下五千年文化的泱泱大国。那么如何去规避汉语这种综合语在国际经贸文化交流中的弱点呢，我在第 9 章中详细地阐述了这个问题。

本书受到了各方老师和同学的帮助，感谢我素未谋面的匿名审稿人以及国家自然科学基金委的同行评审专家，他们用对语言经济学与计量经济学最深刻的认识对本书的研究观点进行了评价并且提出了修改建议，尽管这些建议有时甚至是对本书某些观点致命的否定，但我依然心存感激。即使我们从未谋面，但却从他们对本书评价的字里行间里看到了他们对语言经济学与制度经济学的热爱和对我的殷切希望，我希望自己能够彻底消化这些修改意见，不辜负自己的初衷。